PERZISCH

WOORDENSCHAT

THEMATISCHE WOORDENLIJST

NEDERLANDS
PERZISCH

De meest bruikbare woorden
Om uw woordenschat uit te breiden en
uw taalvaardigheid aan te scherpen

7000 woorden

Thematische woordenschat Nederlands-Perzisch - 7000 woorden

Door Andrey Taranov

Woordenlijsten van T&P Books zijn bedoeld om u woorden van een vreemde taal te helpen leren, onthouden, en bestudering. Dit woordenboek is ingedeeld in thema's en behandelt alle belangrijk terreinen van het dagelijkse leven, bedrijven, wetenschap, cultuur, etc.

Het proces van het leren van woorden met behulp van de op thema's gebaseerde aanpak van T&P Books biedt u de volgende voordelen:

- Correct gegroepeerde informatie is bepalend voor succes bij opeenvolgende stadia van het leren van woorden
- De beschikbaarheid van woorden die van dezelfde stam zijn maakt het mogelijk om woordgroepen te onthouden (in plaats van losse woorden)
- Kleine groepen van woorden faciliteren het proces van het aanmaken van associatieve verbindingen, die nodig zijn bij het consolideren van de woordenschat
- Het niveau van talenkennis kan worden ingeschat door het aantal geleerde woorden

T&P Books Publishing
www.tpbooks.com

ISBN: 978-1-78716-725-4

Dit boek is ook beschikbaar in e-boek formaat.
Gelieve www.tpbooks.com te bezoeken of de belangrijkste online boekwinkels.

PERZISCHE WOORDENSCHAT
nieuwe woorden leren

T&P Books woordenlijsten zijn bedoeld om u te helpen vreemde woorden te leren, te onthouden, en te bestuderen. De woordenschat bevat meer dan 7000 veel gebruikte woorden die thematisch geordend zijn.

- De woordenlijst bevat de meest gebruikte woorden
- Aanbevolen als aanvulling bij welke taalcursus dan ook
- Voldoet aan de behoeften van de beginnende en gevorderde student in vreemde talen
- Geschikt voor dagelijks gebruik, bestudering en zelftestactiviteiten
- Maakt het mogelijk om uw woordenschat te evalueren

Bijzondere kenmerken van de woordenschat

- De woorden zijn gerangschikt naar hun betekenis, niet volgens alfabet
- De woorden worden weergegeven in drie kolommen om bestudering en zelftesten te vergemakkelijken
- Woorden in groepen worden verdeeld in kleine blokken om het leerproces te vergemakkelijken
- De woordenschat biedt een handige en eenvoudige beschrijving van elk buitenlands woord

De woordenschat bevat 198 onderwerpen zoals:

Basisconcepten, getallen, kleuren, maanden, seizoenen, meeteenheden, kleding en accessoires, eten & voeding, restaurant, familieleden, verwanten, karakter, gevoelens, emoties, ziekten, stad, dorp, bezienswaardigheden, winkelen, geld, huis, thuis, kantoor, werken op kantoor, import & export, marketing, werk zoeken, sport, onderwijs, computer, internet, gereedschap, natuur, landen, nationaliteiten en meer ...

INHOUDSOPGAVE

UITSPRAAKGIDS

T&P fonetisch alfabet	Perzisch voorbeeld	Nederlands voorbeeld
['] (ayn)	دعوا [da'vā]	stemhebbende faryngale fricatief
['] (hamza)	تایید [ta'id]	glottisslag
[a]	رود [ravad]	acht
[ā]	آتش [ātaš]	aan, maart
[b]	بانک [bānk]	hebben
[č]	چند [čand]	Tsjechië, cello
[d]	هشتاد [haštād]	Dank u, honderd
[e]	عشق [ešq]	delen, spreken
[f]	فندک [fandak]	feestdag, informeren
[g]	لوگو [logo]	goal, tango
[h]	گیاه [giyāh]	het, herhalen
[i]	جزیره [jazire]	bidden, tint
[j]	جشن [jašn]	jeans, jungle
[k]	کاج [kāj]	kennen, kleur
[l]	لیمو [limu]	delen, luchter
[m]	ماجرا [mājarā]	morgen, etmaal
[n]	نروژ [norvež]	nemen, zonder
[o]	گلف [golf]	overeenkomst
[p]	اپرا [operā]	parallel, koper
[q]	لاغر [lāqar]	liegen, gaan
[r]	رقم [raqam]	roepen, breken
[s]	سوپ [sup]	spreken, kosten
[š]	دوش [duš]	shampoo, machine
[t]	ترجمه [tarjome]	tomaat, taart
[u]	نیرو [niru]	hoed, doe
[v]	ورشو [varšow]	beloven, schrijven
[w]	روشن [rowšan]	twee, willen
[x]	کاخ [kāx]	licht, school
[y]	بیابان [biyābān]	New York, januari
[z]	زنجیر [zanjir]	zeven, zesde
[ž]	ژوئن [žuan]	journalist, rouge

AFKORTINGEN
gebruikt in de woordenschat

Nederlandse afkortingen

abn	-	als bijvoeglijk naamwoord
bijv.	-	bijvoorbeeld
bn	-	bijvoeglijk naamwoord
bw	-	bijwoord
enk.	-	enkelvoud
enz.	-	enzovoort
form.	-	formele taal
inform.	-	informele taal
mann.	-	mannelijk
mil.	-	militair
mv.	-	meervoud
on.ww.	-	onovergankelijk werkwoord
ontelb.	-	ontelbaar
ov.	-	over
ov.ww.	-	overgankelijk werkwoord
telb.	-	telbaar
vn	-	voornaamwoord
vrouw.	-	vrouwelijk
vw	-	voegwoord
vz	-	voorzetsel
wisk.	-	wiskunde
ww	-	werkwoord

Nederlandse artikelen

de	-	gemeenschappelijk geslacht
de/het	-	gemeenschappelijk geslacht, onzijdig
het	-	onzijdig

BASISBEGRIPPEN

Basisbegrippen Deel 1

1. Voornaamwoorden

ik	man	من
jij, je	to	تو
hij, zij, het	u	او
wij, we	mā	ما
jullie	šomā	شما
zij, ze	ān-hā	آنها

2. Begroetingen. Begroetingen. Afscheid

Hallo!	salām	سلام
Goedemorgen!	sobh bexeyr	صبح بخیر
Goedemiddag!	ruz bexeyr!	روز بخیر!
Goedenavond!	asr bexeyr	عصربخیر
gedag zeggen (groeten)	salām kardan	سلام کردن
Hoi!	salām	سلام
groeten (het)	salām	سلام
verwelkomen (ww)	salām kardan	سلام کردن
Hoe gaat het met u?	haletān četowr ast?	حالتان چطور است؟
Hoe is het?	četorid?	چطورید؟
Is er nog nieuws?	če xabar?	چه خبر؟
Tot ziens! (form.)	xodāhāfez	خداحافظ
Doei!	bāy bāy	بای بای
Tot snel! Tot ziens!	be omid-e didār!	به امید دیدار!
Vaarwel!	xodāhāfez!	خداحافظ!
afscheid nemen (ww)	xodāhāfezi kardan	خداحافظی کردن
Tot kijk!	tā bezudi!	تا بزودی!
Dank u!	motešakker-am!	متشکرم!
Dank u wel!	besyār motešakker-am!	بسیار متشکرم!
Graag gedaan	xāheš mikonam	خواهش می کنم
Geen dank!	tašakkor lāzem nist	تشکر لازم نیست
Geen moeite.	qābel-i nadārad	قابلی ندارد
Excuseer me, … (inform.)	bebaxšid!	ببخشید!
excuseren (verontschuldigen)	baxšidan	بخشیدن
zich verontschuldigen	ozr xāstan	عذر خواستن
Mijn excuses.	ozr mixāham	عذرمی خواهم

Het spijt me!	bebaxšid!	ببخشید!
vergeven (ww)	baxšidan	بخشیدن
Maakt niet uit!	mohem nist	مهم نیست
alsjeblieft	lotfan	لطفاً

Vergeet het niet!	farāmuš nakonid!	فراموش نکنید!
Natuurlijk!	albate!	البته!
Natuurlijk niet!	albate ke neh!	البته که نه!
Akkoord!	besyār xob!	بسیارخوب!
Zo is het genoeg!	bas ast!	بس است!

3. Kardinale getallen. Deel 1

nul	sefr	صفر
een	yek	یک
twee	do	دو
drie	se	سه
vier	čāhār	چهار

vijf	panj	پنج
zes	šeš	شش
zeven	haft	هفت
acht	hašt	هشت
negen	neh	نه

tien	dah	ده
elf	yāzdah	یازده
twaalf	davāzdah	دوازده
dertien	sizdah	سیزده
veertien	čāhārdah	چهارده

vijftien	pānzdah	پانزده
zestien	šānzdah	شانزده
zeventien	hefdah	هفده
achttien	hijdah	هیجده
negentien	nuzdah	نوزده

twintig	bist	بیست
eenentwintig	bist-o yek	بیست ویک
tweeëntwintig	bist-o do	بیست ودو
drieëntwintig	bist-o se	بیست وسه

dertig	si	سی
eenendertig	si-yo yek	سی ویک
tweeëndertig	si-yo do	سی ودو
drieëndertig	si-yo se	سی وسه

veertig	čehel	چهل
eenenveertig	čehel-o yek	چهل ویک
tweeënveertig	čehel-o do	چهل ودو
drieënveertig	čehel-o se	چهل وسه

| vijftig | panjāh | پنجاه |
| eenenvijftig | panjāh-o yek | پنجاه ویک |

| tweeënvijftig | panjāh-o do | پنجاه ودو |
| drieënvijftig | panjāh-o se | پنجاه وسه |

zestig	šast	شصت
eenenzestig	šast-o yek	شصت ویک
tweeënzestig	šast-o do	شصت ودو
drieënzestig	šast-o se	شصت وسه

zeventig	haftād	هفتاد
eenenzeventig	haftād-o yek	هفتاد ویک
tweeënzeventig	haftād-o do	هفتاد ودو
drieënzeventig	haftād-o se	هفتاد وسه

tachtig	haštād	هشتاد
eenentachtig	haštād-o yek	هشتاد ویک
tweeëntachtig	haštād-o do	هشتاد ودو
drieëntachtig	haštād-o se	هشتاد وسه

negentig	navad	نود
eenennegentig	navad-o yek	نود ویک
tweeënnegentig	navad-o do	نود ودو
drieënnegentig	navad-o se	نود وسه

4. Kardinale getallen. Deel 2

honderd	sad	صد
tweehonderd	devist	دویست
driehonderd	sisad	سیصد
vierhonderd	čāhārsad	چهارصد
vijfhonderd	pānsad	پانصد

zeshonderd	šešsad	ششصد
zevenhonderd	haftsad	هفتصد
achthonderd	haštsad	هشتصد
negenhonderd	nohsad	نهصد

duizend	hezār	هزار
tweeduizend	dohezār	دوهزار
drieduizend	se hezār	سه هزار
tienduizend	dah hezār	ده هزار
honderdduizend	sad hezār	صد هزار
miljoen (het)	milyun	میلیون
miljard (het)	milyārd	میلیارد

5. Getallen. Breuken

breukgetal (het)	kasr	کسر
half	yek dovvom	یک دوم
een derde	yek sevvom	یک سوم
kwart	yek čāhārom	یک چهارم
een achtste	yek panjom	یک هشتم
een tiende	yek dahom	یک دهم

| twee derde | do sevvom | دو سوم |
| driekwart | se čāhārrom | سه چهارم |

6. Getallen. Eenvoudige berekeningen

aftrekking (de)	tafriq	تفریق
aftrekken (ww)	tafriq kardan	تفریق کردن
deling (de)	taqsim	تقسیم
delen (ww)	taqsim kardan	تقسیم کردن

optelling (de)	jam'	جمع
erbij optellen	jam' kardan	جمع کردن
(bij elkaar voegen)		
optellen (ww)	ezāfe kardan	اضافه کردن
vermenigvuldiging (de)	zarb	ضرب
vermenigvuldigen (ww)	zarb kardan	ضرب کردن

7. Getallen. Diversen

cijfer (het)	raqam	رقم
nummer (het)	adad	عدد
telwoord (het)	adadi	عددی
minteken (het)	manfi	منفی
plusteken (het)	mosbat	مثبت
formule (de)	formul	فرمول

berekening (de)	mohāsebe	محاسبه
tellen (ww)	šemordan	شمردن
bijrekenen (ww)	mohāsebe kardan	محاسبه کردن
vergelijken (ww)	moqāyse kardan	مقایسه کردن

Hoeveel?	čeqadr?	چقدر؟
som (de), totaal (het)	jam'-e kol	جمع کل
uitkomst (de)	natije	نتیجه
rest (de)	bāqimānde	باقیمانده
enkele (bijv. ~ minuten)	čand	چند
weinig (bw)	kami	کمی
restant (het)	baqiye	بقیه
anderhalf	yek-o nim	یک و نیم
dozijn (het)	dojin	دوجین

middendoor (bw)	be do qesmat	به دو قسمت
even (bw)	be tāsavi	به تساوی
helft (de)	nim	نیم
keer (de)	daf'e	دفعه

8. De belangrijkste werkwoorden. Deel 1

| aanbevelen (ww) | towsie kardan | توصیه کردن |
| aandringen (ww) | esrār kardan | اصرار کردن |

aankomen (per auto, enz.)	residan	رسیدن
aanraken (ww)	lams kardan	لمس کردن
adviseren (ww)	nasihat kardan	نصیحت کردن

afdalen (on.ww.)	pāyin āmadan	پایین آمدن
afslaan (naar rechts ~)	pičidan	پیچیدن
antwoorden (ww)	javāb dādan	جواب دادن
bang zijn (ww)	tarsidan	ترسیدن
bedreigen (bijv. met een pistool)	tahdid kardan	تهدید کردن

bedriegen (ww)	farib dādan	فریب دادن
beëindigen (ww)	be pāyān resāndan	به پایان رساندن
beginnen (ww)	šoru' kardan	شروع کردن
begrijpen (ww)	fahmidan	فهمیدن
beheren (managen)	edāre kardan	اداره کردن

beledigen (met scheldwoorden)	towhin kardan	توهین کردن
beloven (ww)	qowl dādan	قول دادن
bereiden (koken)	poxtan	پختن
bespreken (spreken over)	bahs kardan	بحث کردن

bestellen (eten ~)	sefāreš dādan	سفارش دادن
bestraffen (een stout kind ~)	tanbih kardan	تنبیه کردن
betalen (ww)	pardāxtan	پرداختن
betekenen (beduiden)	ma'ni dāštan	معنی داشتن
betreuren (ww)	afsus xordan	افسوس خوردن

bevallen (prettig vinden)	dust dāštan	دوست داشتن
bevelen (mil.)	farmān dādan	فرمان دادن
bevrijden (stad, enz.)	āzād kardan	آزاد کردن
bewaren (ww)	hefz kardan	حفظ کردن
bezitten (ww)	sāheb budan	صاحب بودن

bidden (praten met God)	do'ā kardan	دعا کردن
binnengaan (een kamer ~)	vāred šodan	وارد شدن
breken (ww)	šekastan	شکستن
controleren (ww)	kontorol kardan	کنترل کردن
creëren (ww)	ijād kardan	ایجاد کردن

deelnemen (ww)	šerekat kardan	شرکت کردن
denken (ww)	fekr kardan	فکر کردن
doden (ww)	koštan	کشتن
doen (ww)	anjām dādan	انجام دادن
dorst hebben (ww)	tešne budan	تشنه بودن

9. De belangrijkste werkwoorden. Deel 2

een hint geven	sarnax dādan	سرنخ دادن
eisen (met klem vragen)	darxāst kardan	درخواست کردن
excuseren (vergeven)	baxšidan	بخشیدن
existeren (bestaan)	vojud dāštan	وجود داشتن
gaan (te voet)	raftan	رفتن

gaan zitten (ww)	nešastan	نشستن
gaan zwemmen	ābtani kardan	آبتنی کردن
geven (ww)	dādan	دادن
glimlachen (ww)	labxand zadan	لبخند زدن
goed raden (ww)	hads zadan	حدس زدن

| grappen maken (ww) | šuxi kardan | شوخی کردن |
| graven (ww) | kandan | کندن |

hebben (ww)	dāštan	داشتن
helpen (ww)	komak kardan	کمک کردن
herhalen (opnieuw zeggen)	tekrār kardan	تکرار کردن
honger hebben (ww)	gorosne budan	گرسنه بودن

hopen (ww)	omid dāštan	امید داشتن
horen	šenidan	شنیدن
(waarnemen met het oor)		
huilen (wenen)	gerye kardan	گریه کردن
huren (huis, kamer)	ejāre kardan	اجاره کردن
informeren (informatie geven)	āgah kardan	آگاه کردن

instemmen (akkoord gaan)	movāfeqat kardan	موافقت کردن
jagen (ww)	šekār kardan	شکار کردن
kennen (kennis hebben	šenāxtan	شناختن
van iemand)		
kiezen (ww)	entexāb kardan	انتخاب کردن
klagen (ww)	šekāyat kardan	شکایت کردن

kosten (ww)	qeymat dāštan	قیمت داشتن
kunnen (ww)	tavānestan	توانستن
lachen (ww)	xandidan	خندیدن
laten vallen (ww)	andāxtan	انداختن
lezen (ww)	xāndan	خواندن

liefhebben (ww)	dust dāštan	دوست داشتن
lunchen (ww)	nāhār xordan	ناهار خوردن
nemen (ww)	bardāštan	برداشتن
nodig zijn (ww)	hāmi budan	حامی بودن

10. De belangrijkste werkwoorden. Deel 3

onderschatten (ww)	dast-e kam gereftan	دست کم گرفتن
ondertekenen (ww)	emzā kardan	امضا کردن
ontbijten (ww)	sobhāne xordan	صبحانه خوردن
openen (ww)	bāz kardan	باز کردن
ophouden (ww)	bas kardan	بس کردن
opmerken (zien)	motevajjeh šodan	متوجه شدن

opscheppen (ww)	be rox kešidan	به رخ کشیدن
opschrijven (ww)	neveštan	نوشتن
plannen (ww)	barnāmerizi kardan	برنامه ریزی کردن
prefereren (verkiezen)	tarjih dādan	ترجیح دادن
proberen (trachten)	talāš kardan	تلاش کردن
redden (ww)	najāt dādan	نجات دادن

rekenen op ...	hesāb kardan	حساب کردن
rennen (ww)	davidan	دویدن
reserveren	rezerv kardan	رزرو کردن
(een hotelkamer ~)		
roepen (om hulp)	komak xāstan	کمک خواستن
schieten (ww)	tirandāzi kardan	تیراندازی کردن
schreeuwen (ww)	faryād zadan	فریاد زدن

schrijven (ww)	neveštan	نوشتن
souperen (ww)	šām xordan	شام خوردن
spelen (kinderen)	bāzi kardan	بازی کردن
spreken (ww)	harf zadan	حرف زدن
stelen (ww)	dozdidan	دزدیدن
stoppen (pauzeren)	motevaghef šhodan	متوقف شدن

studeren (Nederlands ~)	dars xāndan	درس خواندن
sturen (zenden)	ferestādan	فرستادن
tellen (optellen)	šemordan	شمردن
toebehoren aan ...	ta'alloq dāštan	تعلق داشتن
toestaan (ww)	ejāze dādan	اجازه دادن
tonen (ww)	nešān dādan	نشان دادن

twijfelen (onzeker zijn)	šok dāštan	شک داشتن
uitgaan (ww)	birun raftan	بیرون رفتن
uitnodigen (ww)	da'vat kardan	دعوت کردن
uitspreken (ww)	talaffoz kardan	تلفظ کردن
uitvaren tegen (ww)	da'vā kardan	دعوا کردن

11. De belangrijkste werkwoorden. Deel 4

vallen (ww)	oftādan	افتادن
vangen (ww)	gereftan	گرفتن
veranderen (anders maken)	avaz kardan	عوض کردن
verbaasd zijn (ww)	mote'ajjeb šodan	متعجب شدن
verbergen (ww)	penhān kardan	پنهان کردن

verdedigen (je land ~)	defā' kardan	دفاع کردن
verenigen (ww)	mottahed kardan	متحد کردن
vergelijken (ww)	moqāyse kardan	مقایسه کردن
vergeten (ww)	farāmuš kardan	فراموش کردن
vergeven (ww)	baxšidan	بخشیدن

verklaren (uitleggen)	touzih dādan	توضیح دادن
verkopen (per stuk ~)	foruxtan	فروختن
vermelden (praten over)	zekr kardan	ذکر کردن
versieren (decoreren)	tazyin kardan	تزیین کردن
vertalen (ww)	tarjome kardan	ترجمه کردن

vertrouwen (ww)	etminān kardan	اطمینان کردن
vervolgen (ww)	edāme dādan	ادامه دادن
verwarren (met elkaar ~)	qāti kardan	قاطی کردن
verzoeken (ww)	xāstan	خواستن
verzuimen (school, enz.)	qāyeb budan	غایب بودن
vinden (ww)	peydā kardan	پیدا کردن

vliegen (ww)	parvāz kardan	پرواز کردن
volgen (ww)	donbāl kardan	دنبال کردن
voorstellen (ww)	pišnahād dādan	پیشنهاد دادن
voorzien (verwachten)	pišbini kardan	پیش بینی کردن
vragen (ww)	porsidan	پرسیدن

waarnemen (ww)	mošāhede kardan	مشاهده کردن
waarschuwen (ww)	hošdār dādan	هشدار دادن
wachten (ww)	montazer budan	منتظر بودن
weerspreken (ww)	moxalefat kardan	مخالفت کردن
weigeren (ww)	rad kardan	رد کردن

werken (ww)	kār kardan	کار کردن
weten (ww)	dānestan	دانستن
willen (verlangen)	xāstan	خواستن
zeggen (ww)	goftan	گفتن
zich haasten (ww)	ajale kardan	عجله کردن

zich interesseren voor …	alāqe dāštan	علاقه داشتن
zich vergissen (ww)	eštebāh kardan	اشتباه کردن
zich verontschuldigen	ozr xāstan	عذر خواستن
zien (ww)	didan	دیدن

zijn (ww)	budan	بودن
zoeken (ww)	jostoju kardan	جستجو کردن
zwemmen (ww)	šenā kardan	شنا کردن
zwijgen (ww)	sāket māndan	ساکت ماندن

12. Kleuren

kleur (de)	rang	رنگ
tint (de)	teyf-e rang	طیف رنگ
kleurnuance (de)	rangmaye	رنگمایه
regenboog (de)	rangin kamān	رنگین کمان

wit (bn)	sefid	سفید
zwart (bn)	siyāh	سیاه
grijs (bn)	xākestari	خاکستری

groen (bn)	sabz	سبز
geel (bn)	zard	زرد
rood (bn)	sorx	سرخ

blauw (bn)	abi	آبی
lichtblauw (bn)	ābi rowšan	آبی روشن
roze (bn)	surati	صورتی
oranje (bn)	nārenji	نارنجی
violet (bn)	banafš	بنفش
bruin (bn)	qahve i	قهوه ای

goud (bn)	talāyi	طلایی
zilverkleurig (bn)	noqre i	نقره ای
beige (bn)	baž	بژ
roomkleurig (bn)	kerem	کرم

turkoois (bn)	firuze i	فيروزه اى
kersrood (bn)	ālbāluyi	آلبالويى
lila (bn)	banafš yasi	بنفش ياسى
karmijnrood (bn)	zereški	زرشکى

licht (bn)	rowšan	روشن
donker (bn)	tire	تيره
fel (bn)	rowšan	روشن

kleur-, kleurig (bn)	rangi	رنگى
kleuren- (abn)	rangi	رنگى
zwart-wit (bn)	siyāh-o sefid	سياه و سفيد
eenkleurig (bn)	yek rang	يک رنگ
veelkleurig (bn)	rangārang	رنگارنگ

13. Vragen

Wie?	če kas-i?	چه کسى؟
Wat?	če čiz-i?	چه چيزى؟
Waar?	kojā?	کجا؟
Waarheen?	kojā?	کجا؟
Waarvandaan?	az kojā?	از کجا؟
Wanneer?	če vaqt?	چه وقت؟
Waarom?	čerā?	چرا؟
Waarom?	čerā?	چرا؟

Waarvoor dan ook?	barā-ye če?	براى چه؟
Hoe?	četor?	چطور؟
Wat voor ...?	kodām?	کدام؟
Welk?	kodām?	کدام؟

Aan wie?	barā-ye ki?	براى کى؟
Over wie?	dar bāre-ye ki?	درباره کى؟
Waarover?	darbāre-ye či?	درباره چى؟
Met wie?	bā ki?	با کى؟

| Hoeveel? | čeqadr? | چقدر؟ |
| Van wie? | māl-e ki? | مال کى؟ |

14. Functiewoorden. Bijwoorden. Deel 1

Waar?	kojā?	کجا؟
hier (bw)	in jā	اين جا
daar (bw)	ānjā	آنجا

| ergens (bw) | jā-yi | جايى |
| nergens (bw) | hič kojā | هيچ کجا |

bij ... (in de buurt)	nazdik	نزديک
bij het raam	nazdik panjere	نزديک پنجره
Waarheen?	kojā?	کجا؟
hierheen (bw)	in jā	اين جا

daarheen (bw)	ānjā	آنجا
hiervandaan (bw)	az injā	از اینجا
daarvandaan (bw)	az ānjā	از آنجا
dichtbij (bw)	nazdik	نزدیک
ver (bw)	dur	دور
in de buurt (van …)	nazdik	نزدیک
dichtbij (bw)	nazdik	نزدیک
niet ver (bw)	nazdik	نزدیک
linker (bn)	čap	چپ
links (bw)	dast-e čap	دست چپ
linksaf, naar links (bw)	be čap	به چپ
rechter (bn)	rāst	راست
rechts (bw)	dast-e rāst	دست راست
rechtsaf, naar rechts (bw)	be rāst	به راست
vooraan (bw)	jelo	جلو
voorste (bn)	jelo	جلو
vooruit (bw)	jelo	جلو
achter (bw)	aqab	عقب
van achteren (bw)	az aqab	از عقب
achteruit (naar achteren)	aqab	عقب
midden (het)	vasat	وسط
in het midden (bw)	dar vasat	در وسط
opzij (bw)	pahlu	پهلو
overal (bw)	hame jā	همه جا
omheen (bw)	atrāf	اطراف
binnenuit (bw)	az daxel	از داخل
naar ergens (bw)	jā-yi	جایی
rechtdoor (bw)	mostaqim	مستقیم
terug (bijv. ~ komen)	aqab	عقب
ergens vandaan (bw)	az har jā	از هر جا
ergens vandaan (en dit geld moet ~ komen)	az yek jā-yi	از یک جایی
ten eerste (bw)	avvalan	اولاً
ten tweede (bw)	dumā	دوما
ten derde (bw)	sālesan	ثالثاً
plotseling (bw)	nāgahān	ناگهان
in het begin (bw)	dar avval	در اول
voor de eerste keer (bw)	barā-ye avvalin bār	برای اولین بار
lang voor … (bw)	xeyli vaqt piš	خیلی وقت پیش
opnieuw (bw)	az now	از نو
voor eeuwig (bw)	barā-ye hamiše	برای همیشه
nooit (bw)	hič vaqt	هیچ وقت
weer (bw)	dobāre	دوباره

nu (bw)	alān	الان
vaak (bw)	aqlab	اغلب
toen (bw)	ān vaqt	آن وقت
urgent (bw)	foran	فوراً
meestal (bw)	ma'mulan	معمولاً

trouwens, ... (tussen haakjes)	rāst-i	راستی
mogelijk (bw)	momken ast	ممکن است
waarschijnlijk (bw)	ehtemālan	احتمالاً
misschien (bw)	šāyad	شاید
trouwens (bw)	bealāve	بعلاوه
daarom ...	be hamin xāter	به همین خاطر
in weerwil van ...	alāraqm	علیرغم
dankzij ...	be lotf	به لطف

wat (vn)	če?	چه؟
dat (vw)	ke	که
iets (vn)	yek čiz-i	یک چیزی
iets	yek kāri	یک کاری
niets (vn)	hič čiz	هیچ چیز

wie (~ is daar?)	ki	کی
iemand (een onbekende)	yek kas-i	یک کسی
iemand (een bepaald persoon)	yek kas-i	یک کسی

niemand (vn)	hič kas	هیچ کس
nergens (bw)	hič kojā	هیچ کجا
niemands (bn)	māl-e hičkas	مال هیچ کس
iemands (bn)	har kas-i	هر کسی

zo (Ik ben ~ blij)	xeyli	خیلی
ook (evenals)	ham	هم
alsook (eveneens)	ham	هم

15. Functiewoorden. Bijwoorden. Deel 2

Waarom?	čerā?	چرا؟
om een bepaalde reden	be dalil-i	به دلیلی
omdat ...	čon	چون
voor een bepaald doel	barā-ye maqsudi	برای مقصودی

en (vw)	va	و
of (vw)	yā	یا
maar (vw)	ammā	اما
voor (vz)	barā-ye	برای

te (~ veel mensen)	besyār	بسیار
alleen (bw)	faqat	فقط
precies (bw)	daqiqan	دقیقا
ongeveer (~ 10 kg)	taqriban	تقریباً
omstreeks (bw)	taqriban	تقریباً
bij benadering (bn)	taqribi	تقریبی

bijna (bw)	taqriban	تقریباً
rest (de)	baqiye	بقیه
de andere (tweede)	digar	دیگر
ander (bn)	digar	دیگر
elk (bn)	har	هر
om het even welk	har	هر
veel (grote hoeveelheid)	ziyād	زیاد
veel mensen	besyāri	بسیاری
iedereen (alle personen)	hame	همه
in ruil voor ...	dar avaz	در عوض
in ruil (bw)	dar barābar	در برابر
met de hand (bw)	dasti	دستی
onwaarschijnlijk (bw)	baid ast	بعید است
waarschijnlijk (bw)	ehtemālan	احتمالاً
met opzet (bw)	amdan	عمداً
toevallig (bw)	tasādofi	تصادفی
zeer (bw)	besyār	بسیار
bijvoorbeeld (bw)	masalan	مثلاً
tussen (~ twee steden)	beyn	بین
tussen (te midden van)	miyān	میان
zoveel (bw)	in qadr	این قدر
vooral (bw)	maxsusan	مخصوصاً

Basisbegrippen Deel 2

16. Dagen van de week

maandag (de)	došanbe	دوشنبه
dinsdag (de)	se šanbe	سه شنبه
woensdag (de)	čāhāršanbe	چهارشنبه
donderdag (de)	panj šanbe	پنج شنبه
vrijdag (de)	jomʿe	جمعه
zaterdag (de)	šanbe	شنبه
zondag (de)	yek šanbe	یک شنبه
vandaag (bw)	emruz	امروز
morgen (bw)	fardā	فردا
overmorgen (bw)	pas fardā	پس فردا
gisteren (bw)	diruz	دیروز
eergisteren (bw)	pariruz	پریروز
dag (de)	ruz	روز
werkdag (de)	ruz-e kāri	روز کاری
feestdag (de)	ruz-e jašn	روز جشن
verlofdag (de)	ruz-e taʿtil	روز تعطیل
weekend (het)	āxar-e hafte	آخر هفته
de hele dag (bw)	tamām-e ruz	تمام روز
de volgende dag (bw)	ruz-e baʿd	روز بعد
twee dagen geleden	do ruz-e piš	دو روز پیش
aan de vooravond (bw)	ruz-e qabl	روز قبل
dag-, dagelijks (bn)	ruzāne	روزانه
elke dag (bw)	har ruz	هر روز
week (de)	hafte	هفته
vorige week (bw)	hafte-ye gozašte	هفته گذشته
volgende week (bw)	hafte-ye āyande	هفته آینده
wekelijks (bn)	haftegi	هفتگی
elke week (bw)	har hafte	هر هفته
twee keer per week	do bār dar hafte	دو بار درهفته
elke dinsdag	har sešanbe	هر سه شنبه

17. Uren. Dag en nacht

morgen (de)	sobh	صبح
's morgens (bw)	sobh	صبح
middag (de)	zohr	ظهر
's middags (bw)	baʿd az zohr	بعد ازظهر
avond (de)	asr	عصر
's avonds (bw)	asr	عصر

nacht (de)	šab	شب
's nachts (bw)	šab	شب
middernacht (de)	nesfe šab	نصفه شب

seconde (de)	sānie	ثانیه
minuut (de)	daqiqe	دقیقه
uur (het)	sā'at	ساعت
halfuur (het)	nim sā'at	نیم ساعت
kwartier (het)	yek rob'	یک ربع
vijftien minuten	pānzdah daqiqe	پانزده دقیقه
etmaal (het)	šabāne ruz	شبانه روز

zonsopgang (de)	tolu-'e āftāb	طلوع آفتاب
dageraad (de)	sahar	سحر
vroege morgen (de)	sobh-e zud	صبح زود
zonsondergang (de)	qorub	غروب

's morgens vroeg (bw)	sobh-e zud	صبح زود
vanmorgen (bw)	emruz sobh	امروز صبح
morgenochtend (bw)	fardā sobh	فردا صبح
vanmiddag (bw)	emruz zohr	امروز ظهر
's middags (bw)	ba'd az zohr	بعد ازظهر
morgenmiddag (bw)	fardā ba'd az zohr	فردا بعد ازظهر
vanavond (bw)	emšab	امشب
morgenavond (bw)	fardā šab	فردا شب

klokslag drie uur	sar-e sā'at-e se	سر ساعت ٣
ongeveer vier uur	nazdik-e sā'at-e čāhār	نزدیک ساعت ۴
tegen twaalf uur	nazdik zohr	نزدیک ظهر

over twintig minuten	bist daqiqe-ye digar	٢٠ دقیقه دیگر
over een uur	yek sā'at-e digar	یک ساعت دیگر
op tijd (bw)	be moqe'	به موقع

kwart voor ...	yek rob' be	یک ربع به
binnen een uur	yek sā'at-e digar	یک ساعت دیگر
elk kwartier	har pānzdah daqiqe	هر ۵۱ دقیقه
de klok rond	šabāne ruz	شبانه روز

18. Maanden. Seizoenen

januari (de)	žānvie	ژانویه
februari (de)	fevriye	فوریه
maart (de)	mārs	مارس
april (de)	āvril	آوریل
mei (de)	meh	مه
juni (de)	žuan	ژوئن

juli (de)	žuiye	ژوئیه
augustus (de)	owt	اوت
september (de)	septāmbr	سپتامبر
oktober (de)	oktobr	اکتبر
november (de)	novāmbr	نوامبر
december (de)	desāmr	دسامبر

lente (de)	bahār	بهار
in de lente (bw)	dar bahār	در بهار
lente- (abn)	bahāri	بهاری

zomer (de)	tābestān	تابستان
in de zomer (bw)	dar tābestān	در تابستان
zomer-, zomers (bn)	tābestāni	تابستانی

herfst (de)	pāyiz	پاییز
in de herfst (bw)	dar pāyiz	در پاییز
herfst- (abn)	pāyizi	پاییزی

winter (de)	zemestān	زمستان
in de winter (bw)	dar zemestān	در زمستان
winter- (abn)	zemestāni	زمستانی

maand (de)	māh	ماه
deze maand (bw)	in māh	این ماه
volgende maand (bw)	māh-e āyande	ماه آینده
vorige maand (bw)	māh-e gozašte	ماه گذشته

een maand geleden (bw)	yek māh qabl	یک ماه قبل
over een maand (bw)	yek māh digar	یک ماه دیگر
over twee maanden (bw)	do māh-e digar	۲ماه دیگر
de hele maand (bw)	tamām-e māh	تمام ماه
een volle maand (bw)	tamām-e māh	تمام ماه

maand-, maandelijks (bn)	māhāne	ماهانه
maandelijks (bw)	māhāne	ماهانه
elke maand (bw)	har māh	هر ماه
twee keer per maand	do bār dar māh	دو بار درماه

jaar (het)	sāl	سال
dit jaar (bw)	emsāl	امسال
volgend jaar (bw)	sāl-e āyande	سال آینده
vorig jaar (bw)	sāl-e gozašte	سال گذشته

een jaar geleden (bw)	yek sāl qabl	یک سال قبل
over een jaar	yek sāl-e digar	یک سال دیگر
over twee jaar	do sāl-e digar	۲سال دیگر
het hele jaar	tamām-e sāl	تمام سال
een vol jaar	tamām-e sāl	تمام سال

elk jaar	har sāl	هر سال
jaar-, jaarlijks (bn)	sālāne	سالانه
jaarlijks (bw)	sālāne	سالانه
4 keer per jaar	čāhār bār dar sāl	چهار بار در سال

datum (de)	tārix	تاریخ
datum (de)	tārix	تاریخ
kalender (de)	taqvim	تقویم

een half jaar	nim sāl	نیم سال
zes maanden	nim sāl	نیم سال
seizoen (bijv. lente, zomer)	fasl	فصل
eeuw (de)	qarn	قرن

19. Tijd. Diversen

tijd (de)	zamān	زمان
ogenblik (het)	lahze	لحظه
moment (het)	lahze	لحظه
ogenblikkelijk (bn)	āni	آنی
tijdsbestek (het)	baxši az zamān	بخشی از زمان
leven (het)	zendegi	زندگی
eeuwigheid (de)	abadiyat	ابدیت

epoche (de), tijdperk (het)	asr	عصر
era (de), tijdperk (het)	dowre	دوره
cyclus (de)	čarxe	چرخه
periode (de)	dowre	دوره
termijn (vastgestelde periode)	mohlat	مهلت

toekomst (de)	āyande	آینده
toekomstig (bn)	āyande	آینده
de volgende keer	daf'e-ye ba'd	دفعه بعد

verleden (het)	gozašte	گذشته
vorig (bn)	gozašte	گذشته
de vorige keer	daf'e-ye gozašte	دفعه گذشته

later (bw)	ba'dan	بعداً
na (~ het diner)	ba'd az	بعد از
tegenwoordig (bw)	aknun	اکنون
nu (bw)	alān	الان
onmiddellijk (bw)	foran	فوراً
snel (bw)	be zudi	به زودی
bij voorbaat (bw)	az qabl	از قبل

lang geleden (bw)	moddathā piš	مدت ها پیش
kort geleden (bw)	axiran	اخیراً
noodlot (het)	sarnevešt	سرنوشت
herinneringen (mv.)	xāterāt	خاطرات
archief (het)	āršiv	آرشیو

tijdens ... (ten tijde van)	dar zamān	در زمان
lang (bw)	tulāni	طولانی
niet lang (bw)	kutāh	کوتاه
vroeg (bijv. ~ in de ochtend)	zud	زود
laat (bw)	dir	دیر

voor altijd (bw)	barā-ye hamiše	برای همیشه
beginnen (ww)	šoru' kardan	شروع کردن
uitstellen (ww)	mowkul kardan	موکول کردن

tegelijkertijd (bw)	ham zamān	هم زمان
voortdurend (bw)	dāemi	دائمی
voortdurend	dāemi	دائمی
tijdelijk (bn)	movaqqati	موقتی

soms (bw)	gāh-i	گاهی
zelden (bw)	be nodrat	به ندرت

| vaak (bw) | aqlab | اغلب |

20. Tegenovergestelden

rijk (bn)	servatmand	ثروتمند
arm (bn)	faqir	فقیر
ziek (bn)	bimār	بیمار
gezond (bn)	sālem	سالم
groot (bn)	bozorg	بزرگ
klein (bn)	kučak	کوچک
snel (bw)	sari'	سریع
langzaam (bw)	āheste	آهسته
snel (bn)	sari'	سریع
langzaam (bn)	āheste	آهسته
vrolijk (bn)	xošhāl	خوشحال
treurig (bn)	qamgin	غمگین
samen (bw)	bāham	باهم
apart (bw)	jodāgāne	جداگانه
hardop (~ lezen)	boland	بلند
stil (~ lezen)	be ārāmi	به آرامی
hoog (bn)	boland	بلند
laag (bn)	kutāh	کوتاه
diep (bn)	amiq	عمیق
ondiep (bn)	sathi	سطحی
ja	bale	بله
nee	neh	نه
ver (bn)	dur	دور
dicht (bn)	nazdik	نزدیک
ver (bw)	dur	دور
dichtbij (bw)	nazdik	نزدیک
lang (bn)	derāz	دراز
kort (bn)	kutāh	کوتاه
vriendelijk (goedhartig)	mehrbān	مهربان
kwaad (bn)	badjens	بدجنس
gehuwd (mann.)	mote'ahhel	متاهل
ongehuwd (mann.)	mojarrad	مجرد
verbieden (ww)	mamnu' kardan	ممنوع کردن
toestaan (ww)	ejāze dādan	اجازه دادن
einde (het)	pāyān	پایان
begin (het)	šoru'	شروع

| linker (bn) | čap | چپ |
| rechter (bn) | rāst | راست |

| eerste (bn) | avvalin | اولین |
| laatste (bn) | āxarin | آخرین |

| misdaad (de) | jenāyat | جنایت |
| bestraffing (de) | mojāzāt | مجازات |

| bevelen (ww) | farmān dādan | فرمان دادن |
| gehoorzamen (ww) | etā'at kardan | اطاعت کردن |

| recht (bn) | mostaqim | مستقیم |
| krom (bn) | monhani | منحنی |

| paradijs (het) | behešt | بهشت |
| hel (de) | jahannam | جهنم |

| geboren worden (ww) | motevalled šodan | متولد شدن |
| sterven (ww) | mordan | مردن |

| sterk (bn) | nirumand | نیرومند |
| zwak (bn) | za'if | ضعیف |

| oud (bn) | kohne | کهنه |
| jong (bn) | javān | جوان |

| oud (bn) | qadimi | قدیمی |
| nieuw (bn) | jadid | جدید |

| hard (bn) | soft | سفت |
| zacht (bn) | narm | نرم |

| warm (bn) | garm | گرم |
| koud (bn) | sard | سرد |

| dik (bn) | čāq | چاق |
| dun (bn) | lāqar | لاغر |

| smal (bn) | bārik | باریک |
| breed (bn) | vasi' | وسیع |

| goed (bn) | xub | خوب |
| slecht (bn) | bad | بد |

| moedig (bn) | šojā' | شجاع |
| laf (bn) | tarsu | ترسو |

21. Lijnen en vormen

vierkant (het)	morabba'	مربع
vierkant (bn)	morabba'	مربع
cirkel (de)	dāyere	دایره
rond (bn)	gard	گرد

| driehoek (de) | mosallas | مثلث |
| driehoekig (bn) | mosallasi | مثلثی |

ovaal (het)	beyzi	بیضی
ovaal (bn)	beyzi	بیضی
rechthoek (de)	mostatil	مستطیل
rechthoekig (bn)	mostatil	مستطیل

piramide (de)	heram	هرم
ruit (de)	lowz-i	لوزی
trapezium (het)	zuzanaqe	ذوزنقه
kubus (de)	moka'ab	مکعب
prisma (het)	manšur	منشور

omtrek (de)	mohit-e monhani	محیط منحنی
bol, sfeer (de)	kare	کره
bal (de)	kare	کره
diameter (de)	qotr	قطر
straal (de)	šo'ā'	شعاع
omtrek (~ van een cirkel)	mohit	محیط
middelpunt (het)	markaz	مرکز

horizontaal (bn)	ofoqi	افقی
verticaal (bn)	amudi	عمودی
parallel (de)	movāzi	موازی
parallel (bn)	movāzi	موازی

lijn (de)	xat	خط
streep (de)	xat	خط
rechte lijn (de)	xatt-e mostaqim	خط مستقیم
kromme (de)	monhani	منحنی
dun (bn)	nāzok	نازک
omlijning (de)	borun namā	برون نما

snijpunt (het)	taqāto'	تقاطع
rechte hoek (de)	zāvie-ye qāem	زاویه قائم
segment (het)	qet'e	قطعه
sector (de)	baxš	بخش
zijde (de)	taraf	طرف
hoek (de)	zāvie	زاویه

22. Meeteenheden

gewicht (het)	vazn	وزن
lengte (de)	tul	طول
breedte (de)	arz	عرض
hoogte (de)	ertefā'	ارتفاع

diepte (de)	omq	عمق
volume (het)	hajm	حجم
oppervlakte (de)	masāhat	مساحت

| gram (het) | garm | گرم |
| milligram (het) | mili geram | میلی گرم |

kilogram (het)	kilugeram	کیلوگرم
ton (duizend kilo)	ton	تن
pond (het)	pond	پوند
ons (het)	ons	اونس

meter (de)	metr	متر
millimeter (de)	mili metr	میلی متر
centimeter (de)	sāntimetr	سانتیمتر
kilometer (de)	kilumetr	کیلومتر
mijl (de)	māyel	مایل

duim (de)	inč	اینچ
voet (de)	fowt	فوت
yard (de)	yārd	یارد

vierkante meter (de)	metr morabba'	متر مربع
hectare (de)	hektār	هکتار

liter (de)	litr	لیتر
graad (de)	daraje	درجه
volt (de)	volt	ولت
ampère (de)	āmper	آمپر
paardenkracht (de)	asb-e boxār	اسب بخار

hoeveelheid (de)	meqdār	مقدار
een beetje …	kami	کمی
helft (de)	nim	نیم
dozijn (het)	dojin	دوجین
stuk (het)	tā	تا

afmeting (de)	andāze	اندازه
schaal (bijv. ~ van 1 op 50)	meqyās	مقیاس

minimaal (bn)	haddeaqal	حداقل
minste (bn)	kučaktarin	کوچکترین
medium (bn)	motevasset	متوسط
maximaal (bn)	haddeaksar	حداکثر
grootste (bn)	bištarin	بیشترین

23. Containers

glazen pot (de)	šišeh konserv	شیشه کنسرو
blik (conserven~)	quti	قوطی
emmer (de)	satl	سطل
ton (bijv. regenton)	boške	بشکه

ronde waterbak (de)	tašt	تشت
tank (bijv. watertank-70-ltr)	maxzan	مخزن
heupfles (de)	qomqome	قمقمه
jerrycan (de)	dabbe	دبه
tank (bijv. ketelwagen)	maxzan	مخزن

beker (de)	livān	لیوان
kopje (het)	fenjān	فنجان

schoteltje (het)	na'lbeki	نعلبکی
glas (het)	estekān	استکان
wijnglas (het)	gilās-e šarāb	گیلاس شراب
pan (de)	qāblame	قابلمه

fles (de)	botri	بطری
flessenhals (de)	gardan-e botri	گردن بطری

karaf (de)	tong	تنگ
kruik (de)	pārč	پارچ
vat (het)	zarf	ظرف
pot (de)	sofāl	سفال
vaas (de)	goldān	گلدان

flacon (de)	botri	بطری
flesje (het)	viyāl	ویال
tube (bijv. ~ tandpasta)	tiyub	تیوب

zak (bijv. ~ aardappelen)	kise	کیسه
tasje (het)	pākat	پاکت
pakje (~ sigaretten, enz.)	baste	بسته

doos (de)	ja'be	جعبه
kist (de)	sanduq	صندوق
mand (de)	sabad	سبد

24. Materialen

materiaal (het)	mādde	ماده
hout (het)	deraxt	درخت
houten (bn)	čubi	چوبی

glas (het)	šiše	شیشه
glazen (bn)	šiše i	شیشه ای

steen (de)	sang	سنگ
stenen (bn)	sangi	سنگی

plastic (het)	pelāstik	پلاستیک
plastic (bn)	pelāstiki	پلاستیکی

rubber (het)	lāstik	لاستیک
rubber-, rubberen (bn)	lāstiki	لاستیکی

stof (de)	pārče	پارچه
van stof (bn)	pārče-i	پارچه ی

papier (het)	kāqaz	کاغذ
papieren (bn)	kāqazi	کاغذی

karton (het)	kārton	کارتن
kartonnen (bn)	kārtoni	کارتونی
polyethyleen (het)	polietilen	پلیاتیلن
cellofaan (het)	solofān	سلوفان

multiplex (het)	taxte-ye čand lāyi	تخته چند لایی
porselein (het)	čini	چینی
porseleinen (bn)	čini	چینی
klei (de)	xāk-e ros	خاک رس
klei-, van klei (bn)	sofāli	سفالی
keramiek (de)	serāmik	سرامیک
keramieken (bn)	serāmiki	سرامیکی

25. Metalen

metaal (het)	felez	فلز
metalen (bn)	felezi	فلزی
legering (de)	ālyiāž	آلیاژ

goud (het)	talā	طلا
gouden (bn)	talā	طلا
zilver (het)	noqre	نقره
zilveren (bn)	noqre	نقره

ijzer (het)	āhan	آهن
ijzeren	āhani	آهنی
staal (het)	fulād	فولاد
stalen (bn)	fulādi	فولادی
koper (het)	mes	مس
koperen (bn)	mesi	مسی

aluminium (het)	ālominiyom	آلومینیوم
aluminium (bn)	ālominiyomi	آلومینیومی
brons (het)	boronz	برنز
bronzen (bn)	boronzi	برنزی

messing (het)	berenj	برنج
nikkel (het)	nikel	نیکل
platina (het)	pelātin	پلاتین
kwik (het)	jive	جیوه
tin (het)	qal'	قلع
lood (het)	sorb	سرب
zink (het)	ruy	روی

MENS

Mens. Het lichaam

26. Mensen. Basisbegrippen

mens (de)	ensān	انسان
man (de)	mard	مرد
vrouw (de)	zan	زن
kind (het)	kudak	کودک
meisje (het)	doxtar	دختر
jongen (de)	pesar bače	پسر بچه
tiener, adolescent (de)	nowjavān	نوجوان
oude man (de)	pirmard	پیرمرد
oude vrouw (de)	pirzan	پیرزن

27. Menselijke anatomie

organisme (het)	orgānism	ارگانیسم
hart (het)	qalb	قلب
bloed (het)	xun	خون
slagader (de)	sorxrag	سرخرگ
ader (de)	siyāhrag	سیاهرگ
hersenen (mv.)	maqz	مغز
zenuw (de)	asab	عصب
zenuwen (mv.)	a'sāb	اعصاب
wervel (de)	mohre	مهره
ruggengraat (de)	sotun-e faqarāt	ستون فقرات
maag (de)	me'de	معده
darmen (mv.)	rude	روده
darm (de)	rude	روده
lever (de)	kabed	کبد
nier (de)	kolliye	کلیه
been (deel van het skelet)	ostexān	استخوان
skelet (het)	eskelet	اسکلت
rib (de)	dande	دنده
schedel (de)	jomjome	جمجمه
spier (de)	azole	عضله
biceps (de)	azole-ye dosar	عضلۀ دوسر
triceps (de)	azole-ye se sar	عضلۀ سه سر
pees (de)	tāndon	تاندون
gewricht (het)	mofassal	مفصل

longen (mv.)	rie	ریه
geslachtsorganen (mv.)	andām hā-ye tanāsol-i	اندام های تناسلی
huid (de)	pust	پوست

28. Hoofd

hoofd (het)	sar	سر
gezicht (het)	surat	صورت
neus (de)	bini	بینی
mond (de)	dahān	دهان

oog (het)	češm	چشم
ogen (mv.)	češm-hā	چشم ها
pupil (de)	mardomak	مردمک
wenkbrauw (de)	abru	ابرو
wimper (de)	može	مژه
ooglid (het)	pelek	پلک

tong (de)	zabān	زبان
tand (de)	dandān	دندان
lippen (mv.)	lab-hā	لب ها
jukbeenderen (mv.)	ostexānhā-ye gune	استخوان های گونه
tandvlees (het)	lase	لثه
gehemelte (het)	saqf-e dahān	سقف دهان

neusgaten (mv.)	surāxhā-ye bini	سوراخ های بینی
kin (de)	čāne	چانه
kaak (de)	fak	فک
wang (de)	gune	گونه

voorhoofd (het)	pišāni	پیشانی
slaap (de)	gijgāh	گیجگاه
oor (het)	guš	گوش
achterhoofd (het)	pas gardan	پس گردن
hals (de)	gardan	گردن
keel (de)	galu	گلو

haren (mv.)	mu-hā	مو ها
kapsel (het)	model-e mu	مدل مو
haarsnit (de)	model-e mu	مدل مو
pruik (de)	kolāh-e gis	کلاه گیس

snor (de)	sebil	سبیل
baard (de)	riš	ریش
dragen (een baard, enz.)	gozāštan	گذاشتن
vlecht (de)	muy-ye bāfte	موی بافته
bakkebaarden (mv.)	xatt-e riš	خط ریش

ros (roodachtig, rossig)	muqermez	موقرمز
grijs (~ haar)	sefid-e mu	سفید مو
kaal (bn)	tās	طاس
kale plek (de)	tāsi	طاسی
paardenstaart (de)	dom-e asbi	دم اسبی
pony (de)	čatri	چتری

29. Menselijk lichaam

hand (de)	dast	دست
arm (de)	bāzu	بازو

vinger (de)	angošt	انگشت
teen (de)	šast-e pā	شصت پا
duim (de)	šost	شست
pink (de)	angošt-e kučak	انگشت کوچک
nagel (de)	nāxon	ناخن

vuist (de)	mošt	مشت
handpalm (de)	kaf-e dast	کف دست
pols (de)	moč-e dast	مچ دست
voorarm (de)	sā'ed	ساعد
elleboog (de)	āranj	آرنج
schouder (de)	ketf	کتف

been (rechter ~)	pā	پا
voet (de)	pā	پا
knie (de)	zānu	زانو
kuit (de)	sāq	ساق
heup (de)	rān	ران
hiel (de)	pāšne-ye pā	پاشنه پا

lichaam (het)	badan	بدن
buik (de)	šekam	شکم
borst (de)	sine	سینه
borst (de)	sine	سینه
zijde (de)	pahlu	پهلو
rug (de)	pošt	پشت
lage rug (de)	kamar	کمر
taille (de)	dur-e kamar	دور کمر

navel (de)	nāf	ناف
billen (mv.)	nešiman-e gāh	نشیمن گاه
achterwerk (het)	bāsan	باسن

huidvlek (de)	xāl	خال
moedervlek (de)	xāl-e mādarzād	خال مادرزاد
tatoeage (de)	xāl kubi	خال کوبی
litteken (het)	jā-ye zaxm	جای زخم

Kleding en accessoires

30. Bovenkleding. Jassen

kleren (mv.)	lebās	لباس
bovenkleding (de)	lebās-e ru	لباس رو
winterkleding (de)	lebās-e zemestāni	لباس زمستانی
jas (de)	pāltow	پالتو
bontjas (de)	pālto-ye pustin	پالتوی پوستین
bontjasje (het)	kot-e pustin	کت پوستین
donzen jas (de)	kāpšan	کاپشن
jasje (bijv. een leren ~)	kot	کت
regenjas (de)	bārāni	بارانی
waterdicht (bn)	zed-e āb	ضد آب

31. Heren & dames kleding

overhemd (het)	pirāhan	پیراهن
broek (de)	šalvār	شلوار
jeans (de)	jin	جین
colbert (de)	kot	کت
kostuum (het)	kat-o šalvār	کت و شلوار
jurk (de)	lebās	لباس
rok (de)	dāman	دامن
blouse (de)	boluz	بلوز
wollen vest (de)	jeliqe-ye kešbāf	جلیقه کشباف
blazer (kort jasje)	kot	کت
T-shirt (het)	tey šarr-at	تی شرت
shorts (mv.)	šalvarak	شلوارک
trainingspak (het)	lebās-e varzeši	لباس ورزشی
badjas (de)	howle-ye hamām	حوله حمام
pyjama (de)	pižāme	پیژامه
sweater (de)	poliver	پلیور
pullover (de)	poliver	پلیور
gilet (het)	jeliqe	جلیقه
rokkostuum (het)	kat-e dāman gerd	کت دامن گرد
smoking (de)	esmoking	اسموکینگ
uniform (het)	oniform	اونیفورم
werkkleding (de)	lebās-e kār	لباس کار
overall (de)	rupuš	روپوش
doktersjas (de)	rupuš	روپوش

32. Kleding. Ondergoed

ondergoed (het)	lebās-e zir	لباس زیر
herenslip (de)	šort-e bākser	شورت باکسر
slipjes (mv.)	šort-e zanāne	شورت زنانه
onderhemd (het)	zir-e pirāhan-i	زیر پیراهنی
sokken (mv.)	jurāb	جوراب

nachthemd (het)	lebās-e xāb	لباس خواب
beha (de)	sine-ye band	سینه بند
kniekousen (mv.)	sāq	ساق
panty (de)	jurāb-e šalvāri	جوراب شلواری
nylonkousen (mv.)	jurāb-e sāqeboland	جوراب ساقه بلند
badpak (het)	māyo	مایو

33. Hoofddeksels

hoed (de)	kolāh	کلاه
deukhoed (de)	šāpo	شاپو
honkbalpet (de)	kolāh beysbāl	کلاه بیس بال
kleppet (de)	kolāh-e taxt	کلاه تخت

baret (de)	kolāh barre	کلاه بره
kap (de)	kolāh-e bārāni	کلاه بارانی
panamahoed (de)	kolāh-e dowre-ye boland	کلاه دوره بلند
gebreide muts (de)	kolāh-e bāftani	کلاه بافتنی

hoofddoek (de)	rusari	روسری
dameshoed (de)	kolāh-e zanāne	کلاه زنانه

veiligheidshelm (de)	kolāh-e imeni	کلاه ایمنی
veldmuts (de)	kolāh-e pādegān	کلاه پادگان
helm, valhelm (de)	kolāh-e imeni	کلاه ایمنی

bolhoed (de)	kolāh-e namadi	کلاه نمدی
hoge hoed (de)	kolāh-e ostovānei	کلاه استوانه ای

34. Schoeisel

schoeisel (het)	kafš	کفش
schoenen (mv.)	putin	پوتین
vrouwenschoenen (mv.)	kafš	کفش
laarzen (mv.)	čakme	چکمه
pantoffels (mv.)	dampāyi	دمپایی

sportschoenen (mv.)	kafš katān-i	کفش کتانی
sneakers (mv.)	kafš katān-i	کفش کتانی
sandalen (mv.)	sandal	صندل

schoenlapper (de)	kaffāš	کفاش
hiel (de)	pāšne-ye kafš	پاشنۀ کفش

paar (een ~ schoenen)	yek joft	یک جفت
veter (de)	band-e kafš	بند کفش
rijgen (schoenen ~)	band-e kafš bastan	بند کفش بستن
schoenlepel (de)	pāšne keš	پاشنه کش
schoensmeer (de/het)	vāks	واکس

35. Textiel. Weefsel

katoen (de/het)	panbe	پنبه
katoenen (bn)	panbe i	پنبه ای
vlas (het)	katān	کتان
vlas-, van vlas (bn)	katāni	کتانی

zijde (de)	abrišam	ابریشم
zijden (bn)	abrišami	ابریشمی
wol (de)	pašm	پشم
wollen (bn)	pašmi	پشمی

fluweel (het)	maxmal	مخمل
suède (de)	jir	جیر
ribfluweel (het)	maxmal-e kebriti	مخمل کبریتی

nylon (de/het)	nāylon	نایلون
nylon-, van nylon (bn)	nāyloni	نایلونی
polyester (het)	poliester	پلی‌استر
polyester- (abn)	poliester	پلتاستر

leer (het)	čarm	چرم
leren (van leer gemaak)	čarmi	چرمی
bont (het)	xaz	خز
bont- (abn)	xaz	خز

36. Persoonlijke accessoires

handschoenen (mv.)	dastkeš	دستکش
wanten (mv.)	dastkeš-e yek angošti	دستکش یک انگشتی
sjaal (fleece ~)	šāl-e gardan	شال گردن

bril (de)	eynak	عینک
brilmontuur (het)	qāb	قاب
paraplu (de)	čatr	چتر
wandelstok (de)	asā	عصا
haarborstel (de)	bores-e mu	برس مو
waaier (de)	bādbezan	بادبزن

das (de)	kerāvāt	کراوات
strikje (het)	pāpiyon	پاپیون
bretels (mv.)	band šalvār	بند شلوار
zakdoek (de)	dastmāl	دستمال

kam (de)	šāne	شانه
haarspeldje (het)	sanjāq-e mu	سنجاق مو

| schuifspeldje (het) | sanjāq-e mu | سنجاق مو |
| gesp (de) | sagak | سگک |

| broekriem (de) | kamarband | کمربند |
| draagriem (de) | tasme | تسمه |

handtas (de)	keyf	کیف
damestas (de)	keyf-e zanāne	کیف زنانه
rugzak (de)	kule pošti	کوله پشتی

37. Kleding. Diversen

mode (de)	mod	مد
de mode (bn)	mod	مد
kledingstilist (de)	tarrāh-e lebas	طراح لباس

kraag (de)	yaqe	یقه
zak (de)	jib	جیب
zak- (abn)	jibi	جیبی
mouw (de)	āstin	آستین
lusje (het)	band-e āviz	بند آویز
gulp (de)	zip	زیپ

rits (de)	zip	زیپ
sluiting (de)	sagak	سگک
knoop (de)	dokme	دکمه
knoopsgat (het)	surāx-e dokme	سوراخ دکمه
losraken (bijv. knopen)	kande šodan	کنده شدن

naaien (kleren, enz.)	duxtan	دوختن
borduren (ww)	golduzi kardan	گلدوزی کردن
borduursel (het)	golduzi	گلدوزی
naald (de)	suzan	سوزن
draad (de)	nax	نخ
naad (de)	darz	درز

vies worden (ww)	kasif šodan	کثیف شدن
vlek (de)	lakke	لکه
gekreukt raken (ov. kleren)	čoruk šodan	چروک شدن
scheuren (ov.ww.)	pāre kardan	پاره کردن
mot (de)	šab parre	شب پره

38. Persoonlijke verzorging. Schoonheidsmiddelen

tandpasta (de)	xamir-e dandān	خمیر دندان
tandenborstel (de)	mesvāk	مسواک
tanden poetsen (ww)	mesvāk zadan	مسواک زدن

scheermes (het)	tiq	تیغ
scheerschuim (het)	kerem-e riš tarāši	کرم ریش تراشی
zich scheren (ww)	riš tarāšidan	ریش تراشیدن
zeep (de)	sābun	صابون

shampoo (de)	šāmpu	شامپو
schaar (de)	qeyči	قیچی
nagelvijl (de)	sohan-e nāxon	سوهان ناخن
nagelknipper (de)	nāxon gir	ناخن گیر
pincet (het)	mučin	موچین

cosmetica (mv.)	lavāzem-e ārāyeši	لوازم آرایشی
masker (het)	māsk	ماسک
manicure (de)	mānikur	مانیکور
manicure doen	mānikur kardan	مانیکور کردن
pedicure (de)	pedikur	پدیکور

cosmetica tasje (het)	kife lavāzem-e ārāyeši	کیف لوازم آرایشی
poeder (de/het)	pudr	پودر
poederdoos (de)	ja'be-ye pudr	جعبۀ پودر
rouge (de)	sorxāb	سرخاب

parfum (de/het)	atr	عطر
eau de toilet (de)	atr	عطر
lotion (de)	losiyon	لوسیون
eau de cologne (de)	odkolon	اودکلن

oogschaduw (de)	sāye-ye češm	سایه چشم
oogpotlood (het)	medād čašm	مداد چشم
mascara (de)	rimel	ریمل

lippenstift (de)	mātik	ماتیک
nagellak (de)	lāk-e nāxon	لاک ناخن
haarlak (de)	esperey-ye mu	اسپری مو
deodorant (de)	deodyrant	دئودورانت

crème (de)	kerem	کرم
gezichtscrème (de)	kerem-e surat	کرم صورت
handcrème (de)	kerem-e dast	کرم دست
antirimpelcrème (de)	kerem-e zedd-e čoruk	کرم ضد چروک
dagcrème (de)	kerem-e ruz	کرم روز
nachtcrème (de)	kerem-e šab	کرم شب
dag- (abn)	ruzāne	روزانه
nacht- (abn)	šab	شب

tampon (de)	tāmpon	تامپون
toiletpapier (het)	kāqaz-e tuālet	کاغذ توالت
föhn (de)	sešovār	سشوار

39. Juwelen

sieraden (mv.)	javāherāt	جواهرات
edel (bijv. ~ stenen)	qeymati	قیمتی
keurmerk (het)	ayār	عیار

ring (de)	angoštar	انگشتر
trouwring (de)	halqe	حلقه
armband (de)	alangu	النگو
oorringen (mv.)	gušvāre	گوشواره

halssnoer (het)	gardan band	گردن بند
kroon (de)	tāj	تاج
kralen snoer (het)	gardan band	گردن بند

diamant (de)	almās	الماس
smaragd (de)	zomorrod	زمرد
robijn (de)	yāqut	یاقوت
saffier (de)	yāqut-e kabud	یاقوت کبود
parel (de)	morvārid	مروارید
barnsteen (de)	kahrobā	کهربا

40. Horloges. Klokken

polshorloge (het)	sā'at-e moči	ساعت مچی
wijzerplaat (de)	safhe-ye sā'at	صفحهٔ ساعت
wijzer (de)	aqrabe	عقربه
metalen horlogeband (de)	band-e sāat	بند ساعت
horlogebandje (het)	band-e čarmi	بند چرمی

batterij (de)	bātri	باطری
leeg zijn (ww)	tamām šodan bātri	تمام شدن باتری
batterij vervangen	bātri avaz kardan	باطری عوض کردن
voorlopen (ww)	jelo oftādan	جلو افتادن
achterlopen (ww)	aqab māndan	عقب ماندن

wandklok (de)	sā'at-e divāri	ساعت دیواری
zandloper (de)	sā'at-e šeni	ساعت شنی
zonnewijzer (de)	sā'at-e āftābi	ساعت آفتابی
wekker (de)	sā'at-e zang dār	ساعت زنگ دار
horlogemaker (de)	sā'at sāz	ساعت ساز
repareren (ww)	ta'mir kardan	تعمیر کردن

Voedsel. Voeding

41. Voedsel

vlees (het)	gušt	گوشت
kip (de)	morq	مرغ
kuiken (het)	juje	جوجه
eend (de)	ordak	اردک
gans (de)	qāz	غاز
wild (het)	gušt-e šekār	گوشت شکار
kalkoen (de)	gušt-e buqalamun	گوشت بوقلمون
varkensvlees (het)	gušt-e xuk	گوشت خوک
kalfsvlees (het)	gušt-e gusāle	گوشت گوساله
schapenvlees (het)	gušt-e gusfand	گوشت گوسفند
rundvlees (het)	gušt-e gāv	گوشت گاو
konijnenvlees (het)	xarguš	خرگوش
worst (de)	kālbās	کالباس
saucijs (de)	sosis	سوسیس
spek (het)	beykon	بیکن
ham (de)	žāmbon	ژامبون
gerookte achterham (de)	rān xuk	ران خوک
paté (de)	pāte	پاته
lever (de)	jegar	جگر
gehakt (het)	hamberger	همبرگر
tong (de)	zabān	زبان
ei (het)	toxm-e morq	تخم مرغ
eieren (mv.)	toxm-e morq-ha	تخم مرغ ها
eiwit (het)	sefide-ye toxm-e morq	سفیده تخم مرغ
eigeel (het)	zarde-ye toxm-e morq	زرده تخم مرغ
vis (de)	māhi	ماهی
zeevruchten (mv.)	qazā-ye daryāyi	غذای دریایی
schaaldieren (mv.)	saxtpustān	سختپوستان
kaviaar (de)	xāviār	خاویار
krab (de)	xarčang	خرچنگ
garnaal (de)	meygu	میگو
oester (de)	sadaf-e xorāki	صدف خوراکی
langoest (de)	xarčang-e xārdār	خرچنگ خاردار
octopus (de)	hašt pā	هشت پا
inktvis (de)	māhi-ye morakkab	ماهی مرکب
steur (de)	māhi-ye xāviār	ماهی خاویار
zalm (de)	māhi-ye salemon	ماهی سالمون
heilbot (de)	halibut	هالیبوت
kabeljauw (de)	māhi-ye rowqan	ماهی روغن

makreel (de)	māhi-ye esqumeri	ماهی اسقومری
tonijn (de)	tan māhi	تن ماهی
paling (de)	mārmāhi	مارماهی

forel (de)	māhi-ye qezelālā	ماهی قزل آلا
sardine (de)	sārdin	ساردین
snoek (de)	ordak māhi	اردک ماهی
haring (de)	māhi-ye šur	ماهی شور

brood (het)	nān	نان
kaas (de)	panir	پنیر
suiker (de)	qand	قند
zout (het)	namak	نمک

rijst (de)	berenj	برنج
pasta (de)	mākāroni	ماکارونی
noedels (mv.)	rešte-ye farangi	رشته فرنگی

boter (de)	kare	کره
plantaardige olie (de)	rowqan-e nabāti	روغن نباتی
zonnebloemolie (de)	rowqan āftābgardān	روغن آفتاب گردان
margarine (de)	mārgārin	مارگارین

| olijven (mv.) | zeytun | زیتون |
| olijfolie (de) | rowqan-e zeytun | روغن زیتون |

melk (de)	šir	شیر
gecondenseerde melk (de)	šir-e čegāl	شیر چگال
yoghurt (de)	mās-at	ماست
zure room (de)	xāme-ye torš	خامهٔ ترش
room (de)	saršir	سرشیر

| mayonaise (de) | māyonez | مایونز |
| crème (de) | xāme | خامه |

graan (het)	hobubāt	حبوبات
meel (het), bloem (de)	ārd	آرد
conserven (mv.)	konserv-hā	کنسرو ها

maïsvlokken (mv.)	bereštuk	برشتوک
honing (de)	asal	عسل
jam (de)	morabbā	مربا
kauwgom (de)	ādāms	آدامس

42. Drankjes

water (het)	āb	آب
drinkwater (het)	āb-e āšāmidani	آب آشامیدنی
mineraalwater (het)	āb-e ma'dani	آب معدنی

zonder gas	bedun-e gāz	بدون گاز
koolzuurhoudend (bn)	gāzdār	گازدار
bruisend (bn)	gāzdār	گازدار
ijs (het)	yax	یخ

met ijs	yax dār	يخ دار
alcohol vrij (bn)	bi alkol	بی الكل
alcohol vrije drank (de)	nušābe-ye bi alkol	نوشابهٔ بی الكل
frisdrank (de)	nušābe-ye xonak	نوشابهٔ خنک
limonade (de)	limunād	لیموناد

alcoholische dranken (mv.)	mašrubāt-e alkoli	مشروبات الكلی
wijn (de)	šarāb	شراب
witte wijn (de)	šarāb-e sefid	شراب سفید
rode wijn (de)	šarāb-e sorx	شراب سرخ

likeur (de)	likor	لیكور
champagne (de)	šāmpāyn	شامپاين
vermout (de)	vermut	ورموت

whisky (de)	viski	ویسكی
wodka (de)	vodkā	ودكا
gin (de)	jin	جین
cognac (de)	konyāk	كنياک
rum (de)	araq-e neyšekar	عرق نیشكر

koffie (de)	qahve	قهوه
zwarte koffie (de)	qahve-ye talx	قهوهٔ تلخ
koffie (de) met melk	šir-qahve	شیرقهوه
cappuccino (de)	kāpočino	كاپوچینو
oploskoffie (de)	qahve-ye fowri	قهوه فوری

melk (de)	šir	شیر
cocktail (de)	kuktel	كوكتل
milkshake (de)	kuktele šir	كوكتل شیر

sap (het)	āb-e mive	آب میوه
tomatensap (het)	āb-e gowjefarangi	آب گوجه فرنگی
sinaasappelsap (het)	āb-e porteqāl	آب پرتقال
vers geperst sap (het)	āb-e mive-ye taze	آب میوهٔ تازه

bier (het)	ābejow	آبجو
licht bier (het)	ābejow-ye sabok	آبجوی سبک
donker bier (het)	ābejow-ye tire	آبجوی تیره

thee (de)	čāy	چای
zwarte thee (de)	čāy-e siyāh	چای سیاه
groene thee (de)	čāy-e sabz	چای سبز

43. Groenten

groenten (mv.)	sabzijāt	سبزیجات
verse kruiden (mv.)	sabzi	سبزی

tomaat (de)	gowje farangi	گوجه فرنگی
augurk (de)	xiyār	خیار
wortel (de)	havij	هویج
aardappel (de)	sib zamini	سیب زمینی
ui (de)	piyāz	پیاز

knoflook (de)	sir	سیر
kool (de)	kalam	کلم
bloemkool (de)	gol kalam	گل کلم
spruitkool (de)	koll-am boruksel	کلم بروکسل
broccoli (de)	kalam borokli	کلم بروکلی

rode biet (de)	čoqondar	چغندر
aubergine (de)	bādenjān	بادنجان
courgette (de)	kadu sabz	کدو سبز
pompoen (de)	kadu tanbal	کدو تنبل
raap (de)	šalqam	شلغم

peterselie (de)	ja'fari	جعفری
dille (de)	šavid	شوید
sla (de)	kāhu	کاهو
selderij (de)	karafs	کرفس
asperge (de)	mārčube	مارچوبه
spinazie (de)	esfenāj	اسفناج

erwt (de)	noxod	نخود
bonen (mv.)	lubiyā	لوبیا
maïs (de)	zorrat	ذرت
boon (de)	lubiyā qermez	لوبیا قرمز

peper (de)	felfel	فلفل
radijs (de)	torobče	تربچه
artisjok (de)	kangar farangi	کنگرفرنگی

44. Vruchten. Noten

vrucht (de)	mive	میوه
appel (de)	sib	سیب
peer (de)	golābi	گلابی
citroen (de)	limu	لیمو
sinaasappel (de)	porteqāl	پرتقال
aardbei (de)	tut-e farangi	توت فرنگی

mandarijn (de)	nārengi	نارنگی
pruim (de)	ālu	آلو
perzik (de)	holu	هلو
abrikoos (de)	zardālu	زردآلو
framboos (de)	tamešk	تمشک
ananas (de)	ānānās	آناناس

banaan (de)	mowz	موز
watermeloen (de)	hendevāne	هندوانه
druif (de)	angur	انگور
zure kers (de)	ālbālu	آلبالو
zoete kers (de)	gilās	گیلاس
meloen (de)	xarboze	خربزه

grapefruit (de)	gerip forut	گریپ فوروت
avocado (de)	āvokādo	اووکادو
papaja (de)	pāpāyā	پاپایا

| mango (de) | anbe | انبه |
| granaatappel (de) | anār | انار |

rode bes (de)	angur-e farangi-ye sorx	انگور فرنگی سرخ
zwarte bes (de)	angur-e farangi-ye siyāh	انگور فرنگی سیاه
kruisbes (de)	angur-e farangi	انگور فرنگی
bosbes (de)	zoqāl axte	زغال اخته
braambes (de)	šāh tut	شاه توت

rozijn (de)	kešmeš	کشمش
vijg (de)	anjir	انجیر
dadel (de)	xormā	خرما

pinda (de)	bādām zamin-i	بادام زمینی
amandel (de)	bādām	بادام
walnoot (de)	gerdu	گردو
hazelnoot (de)	fandoq	فندق
kokosnoot (de)	nārgil	نارگیل
pistaches (mv.)	peste	پسته

45. Brood. Snoep

suikerbakkerij (de)	širini jāt	شیرینی جات
brood (het)	nān	نان
koekje (het)	biskuit	بیسکویت

chocolade (de)	šokolāt	شکلات
chocolade- (abn)	šokolāti	شکلاتی
snoepje (het)	āb nabāt	آب نبات
cakeje (het)	nān-e širini	نان شیرینی
taart (bijv. verjaardags~)	širini	شیرینی

| pastei (de) | keyk | کیک |
| vulling (de) | čāšni | چاشنی |

confituur (de)	morabbā	مربا
marmelade (de)	mārmālād	مارمالاد
wafel (de)	vāfel	وافل
ijsje (het)	bastani	بستنی
pudding (de)	puding	پودینگ

46. Bereide gerechten

gerecht (het)	qazā	غذا
keuken (bijv. Franse ~)	qazā	غذا
recept (het)	dastur-e poxt	دستور پخت
portie (de)	pors	پرس

salade (de)	sālād	سالاد
soep (de)	sup	سوپ
bouillon (de)	pāye-ye sup	پایه سوپ
boterham (de)	sāndevič	ساندویچ

spiegelei (het)	nimru	نیمرو
hamburger (de)	hamberger	همبرگر
biefstuk (de)	esteyk	استیک

garnering (de)	moxallafāt	مخلفات
spaghetti (de)	espāgeti	اسپاگتی
aardappelpuree (de)	pure-ye sibi zamini	پورۀ سیب زمینی
pizza (de)	pitzā	پیتزا
pap (de)	šurbā	شوربا
omelet (de)	ommol-at	املت

gekookt (in water)	āb paz	آب پز
gerookt (bn)	dudi	دودی
gebakken (bn)	sorx šode	سرخ شده
gedroogd (bn)	xošk	خشک
diepvries (bn)	yax zade	یخ زده
gemarineerd (bn)	torši	ترشی

zoet (bn)	širin	شیرین
gezouten (bn)	šur	شور
koud (bn)	sard	سرد
heet (bn)	dāq	داغ
bitter (bn)	talx	تلخ
lekker (bn)	xoš mazze	خوش مزه

koken (in kokend water)	poxtan	پختن
bereiden (avondmaaltijd ~)	poxtan	پختن
bakken (ww)	sorx kardan	سرخ کردن
opwarmen (ww)	garm kardan	گرم کردن

zouten (ww)	namak zadan	نمک زدن
peperen (ww)	felfel pāšidan	فلفل پاشیدن
raspen (ww)	rande kardan	رنده کردن
schil (de)	pust	پوست
schillen (ww)	pust kandan	پوست کندن

47. Kruiden

zout (het)	namak	نمک
gezouten (bn)	šur	شور
zouten (ww)	namak zadan	نمک زدن

zwarte peper (de)	felfel-e siyāh	فلفل سیاه
rode peper (de)	felfel-e sorx	فلفل سرخ
mosterd (de)	xardal	خردل
mierikswortel (de)	torob-e kuhi	ترب کوهی

condiment (het)	adviye	ادویه
specerij, kruiderij (de)	adviye	ادویه
saus (de)	ses	سس
azijn (de)	serke	سرکه

| anijs (de) | rāziyāne | رازیانه |
| basilicum (de) | reyhān | ریحان |

kruidnagel (de)	mixak	میخک
gember (de)	zanjefil	زنجفیل
koriander (de)	gešniz	گشنیز
kaneel (de/het)	dārčin	دارچین

sesamzaad (het)	konjed	کنجد
laurierblad (het)	barg-e bu	برگ بو
paprika (de)	paprika	پاپریکا
komijn (de)	zire	زیره
saffraan (de)	za'ferān	زعفران

48. Maaltijden

| eten (het) | qazā | غذا |
| eten (ww) | xordan | خوردن |

ontbijt (het)	sobhāne	صبحانه
ontbijten (ww)	sobhāne xordan	صبحانه خوردن
lunch (de)	nāhār	ناهار
lunchen (ww)	nāhār xordan	ناهار خوردن
avondeten (het)	šām	شام
souperen (ww)	šām xordan	شام خوردن

| eetlust (de) | eštehā | اشتها |
| Eet smakelijk! | nuš-e jān | نوش جان |

openen (een fles ~)	bāz kardan	باز کردن
morsen (koffie, enz.)	rixtan	ریختن
zijn gemorst	rixtan	ریختن

koken (water kookt bij 100°C)	jušidan	جوشیدن
koken (Hoe om water te ~)	jušāndan	جوشاندن
gekookt (~ water)	jušide	جوشیده
afkoelen (koeler maken)	sard kardan	سرد کردن
afkoelen (koeler worden)	sard šodan	سرد شدن

| smaak (de) | maze | مزه |
| nasmaak (de) | maze | مزه |

volgen een dieet	lāqar kardan	لاغر کردن
dieet (het)	režim	رژیم
vitamine (de)	vitāmin	ویتامین
calorie (de)	kālori	کالری

| vegetariër (de) | giyāh xār | گیاه خوار |
| vegetarisch (bn) | giyāh xāri | گیاه خواری |

vetten (mv.)	čarbi-hā	چربی ها
eiwitten (mv.)	porotein	پروتئین
koolhydraten (mv.)	karbohidrāt-hā	کربو هیدرات ها

snede (de)	qet'e	قطعه
stuk (bijv. een ~ taart)	tekke	تکه
kruimel (de)	zarre	ذره

49. Tafelschikking

lepel (de)	qāšoq	قاشق
mes (het)	kārd	کارد
vork (de)	čangāl	چنگال

kopje (het)	fenjān	فنجان
bord (het)	bošqāb	بشقاب
schoteltje (het)	na'lbeki	نعلبکی
servet (het)	dastmāl	دستمال
tandenstoker (de)	xelāl-e dandān	خلال دندان

50. Restaurant

restaurant (het)	resturān	رستوران
koffiehuis (het)	kāfe	کافه
bar (de)	bār	بار
tearoom (de)	qahve xāne	قهوه خانه

kelner, ober (de)	pišxedmat	پیشخدمت
serveerster (de)	pišxedmat	پیشخدمت
barman (de)	motesaddi-ye bār	متصدی بار

menu (het)	meno	منو
wijnkaart (de)	kārt-e šarāb	کارت شراب
een tafel reserveren	miz rezerv kardan	میز رزرو کردن

gerecht (het)	qazā	غذا
bestellen (eten ~)	sefāreš dādan	سفارش دادن
een bestelling maken	sefāreš dādan	سفارش دادن

aperitief (de/het)	mašrub-e piš qazā	مشروب پیش غذا
voorgerecht (het)	piš qazā	پیش غذا
dessert (het)	deser	دسر

rekening (de)	surat hesāb	صورت حساب
de rekening betalen	surat-e hesāb rā pardāxtan	صورت حساب را پرداختن
wisselgeld teruggeven	baqiye rā dādan	بقیه را دادن
fooi (de)	an'ām	انعام

Familie, verwanten en vrienden

51. Persoonlijke informatie. Formulieren

naam (de)	esm	اسم
achternaam (de)	nām-e xānevādegi	نام خانوادگی
geboortedatum (de)	tārix-e tavallod	تاریخ تولد
geboorteplaats (de)	mahall-e tavallod	محل تولد
nationaliteit (de)	melliyat	ملیت
woonplaats (de)	mahall-e sokunat	محل سکونت
land (het)	kešvar	کشور
beroep (het)	šoql	شغل
geslacht (ov. het vrouwelijk ~)	jens	جنس
lengte (de)	qad	قد
gewicht (het)	vazn	وزن

52. Familieleden. Verwanten

moeder (de)	mādar	مادر
vader (de)	pedar	پدر
zoon (de)	pesar	پسر
dochter (de)	doxtar	دختر
jongste dochter (de)	doxtar-e kučak	دختر کوچک
jongste zoon (de)	pesar-e kučak	پسر کوچک
oudste dochter (de)	doxtar-e bozorg	دختر بزرگ
oudste zoon (de)	pesar-e bozorg	پسر بزرگ
broer (de)	barādar	برادر
oudere broer (de)	barādar-e bozorg	برادر بزرگ
jongere broer (de)	barādar-e kučak	برادر کوچک
zuster (de)	xāhar	خواهر
oudere zuster (de)	xāhar-e bozorg	خواهر بزرگ
jongere zuster (de)	xāhar-e kučak	خواهر کوچک
neef (zoon van oom, tante)	pesar 'amu	پسر عمو
nicht (dochter van oom, tante)	doxtar amu	دخترعمو
mama (de)	māmān	مامان
papa (de)	bābā	بابا
ouders (mv.)	vāledeyn	والدین
kind (het)	kudak	کودک
kinderen (mv.)	bače-hā	بچه ها
oma (de)	mādarbozorg	مادربزرگ

opa (de)	pedar-bozorg	پدربزرگ
kleinzoon (de)	nave	نوه
kleindochter (de)	nave	نوه
kleinkinderen (mv.)	nave-hā	نوه ها

oom (de)	amu	عمو
tante (de)	xāle yā amme	خاله یا عمه
neef (zoon van broer, zus)	barādar-zāde	برادرزاده
nicht (dochter van broer, zus)	xāhar-zāde	خواهرزاده

schoonmoeder (de)	mādarzan	مادرزن
schoonvader (de)	pedar-šowhar	پدرشوهر
schoonzoon (de)	dāmād	داماد
stiefmoeder (de)	nāmādari	نامادری
stiefvader (de)	nāpedari	ناپدری

zuigeling (de)	nowzād	نوزاد
wiegenkind (het)	širxār	شیرخوار
kleuter (de)	pesar-e kučulu	پسر کوچولو

vrouw (de)	zan	زن
man (de)	šowhar	شوهر
echtgenoot (de)	hamsar	همسر
echtgenote (de)	hamsar	همسر

gehuwd (mann.)	mote'ahhel	متاهل
gehuwd (vrouw.)	mote'ahhel	متاهل
ongehuwd (mann.)	mojarrad	مجرد
vrijgezel (de)	mojarrad	مجرد
gescheiden (bn)	talāq gerefte	طلاق گرفته
weduwe (de)	bive zan	بیوه زن
weduwnaar (de)	bive	بیوه

familielid (het)	xišāvand	خویشاوند
dichte familielid (het)	aqvām-e nazdik	اقوام نزدیک
verre familielid (het)	aqvām-e dur	اقوام دور
familieleden (mv.)	aqvām	اقوام

wees (de), weeskind (het)	yatim	یتیم
voogd (de)	qayyem	قیم
adopteren (een jongen te ~)	be pesari gereftan	به پسری گرفتن
adopteren (een meisje te ~)	be doxtari gereftan	به دختری گرفتن

53. Vrienden. Collega's

vriend (de)	dust	دوست
vriendin (de)	dust	دوست
vriendschap (de)	dusti	دوستی
bevriend zijn (ww)	dust budan	دوست بودن

makker (de)	rafiq	رفیق
vriendin (de)	rafiq	رفیق
partner (de)	šarik	شریک
chef (de)	ra'is	رئیس

baas (de)	ra'is	رئیس
eigenaar (de)	sāheb	صاحب
ondergeschikte (de)	zirdast	زیردست
collega (de)	hamkār	همکار

kennis (de)	āšnā	آشنا
medereiziger (de)	hamsafar	همسفر
klasgenoot (de)	ham kelās	هم کلاس

buurman (de)	hamsāye	همسایه
buurvrouw (de)	hamsāye	همسایه
buren (mv.)	hamsāye-hā	همسایه ها

54. Man. Vrouw

vrouw (de)	zan	زن
meisje (het)	doxtar	دختر
bruid (de)	arus	عروس

mooi(e) (vrouw, meisje)	zibā	زیبا
groot, grote (vrouw, meisje)	qad boland	قد بلند
slank(e) (vrouw, meisje)	xoš andām	خوش اندام
korte, kleine (vrouw, meisje)	qad kutāh	قد کوتاه

blondine (de)	mu bur	مو بور
brunette (de)	mu siyāh	مو سیاه

dames- (abn)	zanāne	زنانه
maagd (de)	bākere	باکره
zwanger (bn)	bārdār	باردار

man (de)	mard	مرد
blonde man (de)	mu bur	مو بور
bruinharige man (de)	mu siyāh	مو سیاه
groot (bn)	qad boland	قد بلند
klein (bn)	qad kutāh	قد کوتاه

onbeleefd (bn)	xašen	خشن
gedrongen (bn)	tanumand	تنومند
robuust (bn)	tanumand	تنومند
sterk (bn)	nirumand	نیرومند
sterkte (de)	niru	نیرو

mollig (bn)	čāq	چاق
getaand (bn)	sabze ru	سبزه رو
slank (bn)	xoš andām	خوش اندام
elegant (bn)	barāzande	برازنده

55. Leeftijd

leeftijd (de)	sen	سن
jeugd (de)	javāni	جوانی

jong (bn)	javān	جوان
jonger (bn)	kučaktar	کوچکتر
ouder (bn)	bozorgtar	بزرگتر

jongen (de)	mard-e javān	مرد جوان
tiener, adolescent (de)	nowjavān	نوجوان
kerel (de)	mard	مرد

| oude man (de) | pirmard | پیرمرد |
| oude vrouw (de) | pirzan | پیرزن |

volwassen (bn)	bāleq	بالغ
van middelbare leeftijd (bn)	miyānsāl	میانسال
bejaard (bn)	sālmand	سالمند
oud (bn)	mosen	مسن

pensioen (het)	mostamerri	مستمری
met pensioen gaan	bāznešaste šodan	بازنشسته شدن
gepensioneerde (de)	bāznešaste	بازنشسته

56. Kinderen

kind (het)	kudak	کودک
kinderen (mv.)	bače-hā	بچه ها
tweeling (de)	doqolu	دوقلو

wieg (de)	gahvāre	گهواره
rammelaar (de)	jeqjeqe	جغجغه
luier (de)	pušak	پوشک

speen (de)	pestānak	پستانک
kinderwagen (de)	kāleske	کالسکه
kleuterschool (de)	kudakestān	کودکستان
babysitter (de)	parastār bače	پرستار بچه

kindertijd (de)	kudaki	کودکی
pop (de)	arusak	عروسک
speelgoed (het)	asbāb bāzi	اسباب بازی
bouwspeelgoed (het)	xāne sāzi	خانه سازی
welopgevoed (bn)	bā tarbiyat	با تربیت
onopgevoed (bn)	bi tarbiyat	بی تربیت
verwend (bn)	lus	لوس

stout zijn (ww)	šeytanat kardan	شیطنت کردن
stout (bn)	bāziguš	بازیگوش
stoutheid (de)	šeytāni	شیطانی
stouterd (de)	šeytān	شیطان

| gehoorzaam (bn) | moti' | مطیع |
| ongehoorzaam (bn) | sarkeš | سرکش |

braaf (bn)	āqel	عاقل
slim (verstandig)	bāhuš	باهوش
wonderkind (het)	kudak nābeqe	کودک نابغه

57. Gehuwde paren. Gezinsleven

kussen (een kus geven)	busidan	بوسیدن
elkaar kussen (ww)	hamdigar rā busidan	همدیگررا بوسیدن
gezin (het)	xānevāde	خانواده
gezins- (abn)	xānevādegi	خانوادگی
paar (het)	zoj	زوج
huwelijk (het)	ezdevāj	ازدواج
thuis (het)	kāšāne	کاشانه
dynastie (de)	selsele	سلسله

date (de)	qarār	قرار
zoen (de)	buse	بوسه

liefde (de)	ešq	عشق
liefhebben (ww)	dust dāštan	دوست داشتن
geliefde (bn)	mahbub	محبوب

tederheid (de)	mehrbāni	مهربانی
teder (bn)	mehrbān	مهربان
trouw (de)	vafā	وفا
trouw (bn)	vafādār	وفادار
zorg (bijv. bejaarden~)	tavajjoh	توجه
zorgzaam (bn)	ba molāheze	با ملاحظه

jonggehuwden (mv.)	tāze ezdevāj karde	تازه ازدواج کرده
wittebroodsweken (mv.)	māh-e asal	ماه عسل
trouwen (vrouw)	ezdevāj kardan	ازدواج کردن
trouwen (man)	ezdevāj kardan	ازدواج کردن

bruiloft (de)	arusi	عروسی
gouden bruiloft (de)	panjāhomin sālgard-e arusi	پنجاهمین سالگرد عروسی
verjaardag (de)	sālgard	سالگرد

minnaar (de)	ma'šuq	معشوق
minnares (de)	ma'šuqe	معشوقه

overspel (het)	xiyānat	خیانت
overspel plegen (ww)	xiyānat kardan	خیانت کردن
jaloers (bn)	hasud	حسود
jaloers zijn (echtgenoot, enz.)	hasud budan	حسود بودن
echtscheiding (de)	talāq	طلاق
scheiden (ww)	talāq gereftan	طلاق گرفتن

ruzie hebben (ww)	da'vā kardan	دعوا کردن
vrede sluiten (ww)	āšti kardan	آشتی کردن
samen (bw)	bāham	باهم
seks (de)	seks	سکس

geluk (het)	xošbaxti	خوشبختی
gelukkig (bn)	xošbaxt	خوشبخت
ongeluk (het)	badbaxti	بدبختی
ongelukkig (bn)	badbaxt	بدبخت

Karakter. Gevoelens. Emoties

58. Gevoelens. Emoties

gevoel (het)	ehsās	احساس
gevoelens (mv.)	ehsāsat	احساسات
voelen (ww)	ehsās kardan	احساس کردن
honger (de)	gorosnegi	گرسنگی
honger hebben (ww)	gorosne budan	گرسنه بودن
dorst (de)	tešnegi	تشنگی
dorst hebben	tešne budan	تشنه بودن
slaperigheid (de)	xāb āludegi	خواب آلودگی
willen slapen	xābālud budan	خواب آلود بودن
moeheid (de)	xastegi	خستگی
moe (bn)	xaste	خسته
vermoeid raken (ww)	xaste šodan	خسته شدن
stemming (de)	xolq	خلق
verveling (de)	bi hoselegi	بی حوصلگی
zich vervelen (ww)	hosele sar raftan	حوصله سررفتن
afzondering (de)	guše nešini	گوشه نشینی
zich afzonderen (ww)	guše nešini kardan	گوشه نشینی کردن
bezorgd maken	negarān kardan	نگران کردن
bezorgd zijn (ww)	negarān šodan	نگران شدن
zorg (bijv. geld~en)	negarāni	نگرانی
ongerustheid (de)	negarāni	نگرانی
ongerust (bn)	moztareb	مضطرب
zenuwachtig zijn (ww)	asabi šodan	عصبی شدن
in paniek raken	vahšat kardan	وحشت کردن
hoop (de)	omid	امید
hopen (ww)	omid dāštan	امید داشتن
zekerheid (de)	etminān	اطمینان
zeker (bn)	motmaen	مطمئن
onzekerheid (de)	adam-e etminān	عدم اطمینان
onzeker (bn)	nā motmaen	نا مطمئن
dronken (bn)	mast	مست
nuchter (bn)	hošyār	هوشیار
zwak (bn)	za'if	ضعیف
gelukkig (bn)	xošbaxt	خوشبخت
doen schrikken (ww)	tarsāndan	ترساندن
toorn (de)	qeyz	غیظ
woede (de)	xašm	خشم
depressie (de)	afsordegi	افسردگی
ongemak (het)	nārāhati	ناراحتی

gemak, comfort (het)	āsāyeš	آسایش
spijt hebben (ww)	afsus xordan	افسوس خوردن
spijt (de)	afsus	افسوس
pech (de)	bad šāns-i	بد شانسی
bedroefdheid (de)	delxori	دلخوری

schaamte (de)	šarm	شرم
pret (de), plezier (het)	šādi	شادی
enthousiasme (het)	eštiyāq	اشتیاق
enthousiasteling (de)	moštāq	مشتاق
enthousiasme vertonen	eštiyāq dāštan	اشتیاق داشتن

59. Karakter. Persoonlijkheid

karakter (het)	šaxsiyat	شخصیت
karakterfout (de)	naqs	نقص
rede (de), verstand (het)	aql	عقل

geweten (het)	vejdān	وجدان
gewoonte (de)	ādat	عادت
bekwaamheid (de)	esteʿdād	استعداد
kunnen (bijv., ~ zwemmen)	tavānestan	توانستن

geduldig (bn)	bā howsele	با حوصله
ongeduldig (bn)	bi hosele	بی حوصله
nieuwsgierig (bn)	konjkāv	کنجکاو
nieuwsgierigheid (de)	konjkāvi	کنجکاوی

bescheidenheid (de)	forutani	فروتنی
bescheiden (bn)	forutan	فروتن
onbescheiden (bn)	gostāx	گستاخ

luiheid (de)	tanbali	تنبلی
lui (bn)	tanbal	تنبل
luiwammes (de)	tanbal	تنبل

sluwheid (de)	mokāri	مکاری
sluw (bn)	makkār	مکار
wantrouwen (het)	bad gomāni	بد گمانی
wantrouwig (bn)	bad gomān	بد گمان

gulheid (de)	sexāvat	سخاوت
gul (bn)	ba sexāvat	با سخاوت
talentrijk (bn)	bā esteʿdād	با استعداد
talent (het)	esteʿdād	استعداد

moedig (bn)	šojāʿ	شجاع
moed (de)	šojāʿat	شجاعت
eerlijk (bn)	sādeq	صادق
eerlijkheid (de)	sedāqat	صداقت

voorzichtig (bn)	bā ehtiyāt	با احتیاط
manhaftig (bn)	bi bāk	بی باک
ernstig (bn)	jeddi	جدی

streng (bn)	saxt gir	سخت گیر
resoluut (bn)	mosammam	مصمم
onzeker, irresoluut (bn)	do del	دو دل
schuchter (bn)	xejālati	خجالتی
schuchterheid (de)	xejālat	خجالت

vertrouwen (het)	e'temād	اعتماد
vertrouwen (ww)	bāvar kardan	باور کردن
goedgelovig (bn)	zud bāvar	زود باور

oprecht (bw)	sādeqāne	صادقانه
oprecht (bn)	sādeq	صادق
oprechtheid (de)	sedāqat	صداقت
open (bn)	sarih	صریح

rustig (bn)	ārām	آرام
openhartig (bn)	rok	رک
naïef (bn)	sāde lowh	ساده لوح
verstrooid (bn)	sar be havā	سربه هوا
leuk, grappig (bn)	xande dār	خنده دار

gierigheid (de)	hers	حرص
gierig (bn)	haris	حریص
inhalig (bn)	xasis	خسیس
kwaad (bn)	badjens	بدجنس
koppig (bn)	lajuj	لجوج
onaangenaam (bn)	nāxošāyand	ناخوشایند

egoïst (de)	xodxāh	خودخواه
egoïstisch (bn)	xodxāhi	خودخواهی
lafaard (de)	tarsu	ترسو
laf (bn)	tarsu	ترسو

60. Slaap. Dromen

slapen (ww)	xābidan	خوابیدن
slaap (in ~ vallen)	xāb	خواب
droom (de)	royā	رویا
dromen (in de slaap)	xāb didan	خواب دیدن
slaperig (bn)	xāb ālud	خواب آلود

bed (het)	taxt-e xāb	تخت خواب
matras (de)	tošak	تشک
deken (de)	patu	پتو
kussen (het)	bālešt	بالشت
laken (het)	malāfe	ملافه

slapeloosheid (de)	bi-xābi	بیخوابی
slapeloos (bn)	bi xāb	بی خواب
slaapmiddel (het)	xāb āvar	خواب آور
slaapmiddel innemen	xābāvar xordan	خواب آور خوردن

| willen slapen | xābālud budan | خواب آلود بودن |
| geeuwen (ww) | xamyāze kešidan | خمیازه کشیدن |

gaan slapen	be raxtexāb raftan	به رختخواب رفتن
het bed opmaken	raxtexāb-e pahn kardan	رختخواب پهن کردن
inslapen (ww)	xābidan	خوابیدن

nachtmerrie (de)	kābus	کابوس
gesnurk (het)	xoropof	خروپف
snurken (ww)	xoropof kardan	خروپف کردن

wekker (de)	sā'at-e zang dār	ساعت زنگ دار
wekken (ww)	bidār kardan	بیدار کردن
wakker worden (ww)	bidār šodan	بیدار شدن
opstaan (ww)	boland šodan	بلند شدن
zich wassen (ww)	dast-o ru šostan	دست و روشستن

61. Humor. Gelach. Blijdschap

humor (de)	šuxi	شوخی
gevoel (het) voor humor	šux ta'bi	شوخ طبعی
plezier hebben (ww)	šādi kardan	شادی کردن
vrolijk (bn)	šād	شاد
pret (de), plezier (het)	šādi	شادی

glimlach (de)	labxand	لبخند
glimlachen (ww)	labxand zadan	لبخند زدن
beginnen te lachen (ww)	xandidan	خندیدن
lachen (ww)	xandidan	خندیدن
lach (de)	xande	خنده

mop (de)	latife	لطیفه
grappig (een ~ verhaal)	xande dār	خنده دار
grappig (~e clown)	xande dār	خنده دار

grappen maken (ww)	šuxi kardan	شوخی کردن
grap (de)	šuxi	شوخی
blijheid (de)	šādi	شادی
blij zijn (ww)	xošhāl šodan	خوشحال شدن
blij (bn)	xošhāl	خوشحال

62. Discussie, conversatie. Deel 1

communicatie (de)	ertebāt	ارتباط
communiceren (ww)	ertebāt dāštan	ارتباط داشتن

conversatie (de)	mokāleme	مکالمه
dialoog (de)	goftogu	گفتگو
discussie (de)	mobāhese	مباحثه
debat (het)	mošājere	مشاجره
debatteren, twisten (ww)	mošājere kardan	مشاجره کردن

gesprekspartner (de)	ham soxan	هم سخن
thema (het)	mowzu'	موضوع
standpunt (het)	noqte nazar	نقطه نظر

| mening (de) | nazar | نظر |
| toespraak (de) | soxanrāni | سخنرانی |

bespreking (de)	mozākere	مذاکره
bespreken (spreken over)	bahs kardan	بحث کردن
gesprek (het)	goftogu	گفتگو
spreken (converseren)	goftogu kardan	گفتگو کردن
ontmoeting (de)	didār	دیدار
ontmoeten (ww)	molāqāt kardan	ملاقات کردن

spreekwoord (het)	zarb-ol-masal	ضرب المثل
gezegde (het)	zarb-ol-masal	ضرب المثل
raadsel (het)	mo'ammā	معما
een raadsel opgeven	mo'ammā matrah kardan	معما مطرح کردن
wachtwoord (het)	ramz	رمز
geheim (het)	rāz	راز

eed (de)	sowgand	سوگند
zweren (een eed doen)	sowgand xordan	سوگند خوردن
belofte (de)	va'de	وعده
beloven (ww)	qowl dādan	قول دادن

advies (het)	nasihat	نصیحت
adviseren (ww)	nasihat kardan	نصیحت کردن
advies volgen (iemands ~)	nasihat-e kasi rā donbāl kardan	نصیحت کسی را دنبال کردن
luisteren (gehoorzamen)	guš kardan	گوش کردن

nieuws (het)	xabar	خبر
sensatie (de)	hayajān	هیجان
informatie (de)	ettelā'āt	اطلاعات
conclusie (de)	natije	نتیجه
stem (de)	sedā	صدا
compliment (het)	ta'rif	تعریف
vriendelijk (bn)	bā mohabbat	با محبت

woord (het)	kalame	کلمه
zin (de), zinsdeel (het)	ebārat	عبارت
antwoord (het)	javāb	جواب

| waarheid (de) | haqiqat | حقیقت |
| leugen (de) | doruq | دروغ |

gedachte (de)	fekr	فکر
idee (de/het)	fekr	فکر
fantasie (de)	fāntezi	فانتزی

63. Discussie, conversatie. Deel 2

gerespecteerd (bn)	mohtaram	محترم
respecteren (ww)	ehterām gozāštan	احترام گذاشتن
respect (het)	ehterām	احترام
Geachte ... (brief)	gerāmi	گرامی
voorstellen (Mag ik jullie ~)	mo'arrefi kardan	معرفی کردن

kennismaken (met …)	āšnā šodan	آشنا شدن
intentie (de)	qasd	قصد
intentie hebben (ww)	qasd dāštan	قصد داشتن
wens (de)	ārezu	آرزو
wensen (ww)	ārezu kardan	آرزو کردن
verbazing (de)	ta'ajjob	تعجب
verbazen (verwonderen)	mote'ajjeb kardan	متعجب کردن
verbaasd zijn (ww)	mote'ajjeb šodan	متعجب شدن
geven (ww)	dādan	دادن
nemen (ww)	bardāštan	برداشتن
teruggeven (ww)	bargardāndan	برگرداندن
retourneren (ww)	pas dādan	پس دادن
zich verontschuldigen	ozr xāstan	عذر خواستن
verontschuldiging (de)	ozr xāhi	عذر خواهی
vergeven (ww)	baxšidan	بخشیدن
spreken (ww)	harf zadan	حرف زدن
luisteren (ww)	guš dādan	گوش دادن
aanhoren (ww)	xub guš dādan	خوب گوش دادن
begrijpen (ww)	fahmidan	فهمیدن
tonen (ww)	nešān dādan	نشان دادن
kijken naar …	negāh kardan	نگاه کردن
roepen (vragen te komen)	sedā kardan	صدا کردن
afleiden (storen)	mozāhem šodan	مزاحم شدن
storen (lastigvallen)	mozāhem šodan	مزاحم شدن
doorgeven (ww)	dādan	دادن
verzoek (het)	xāheš	خواهش
verzoeken (ww)	xāheš kardan	خواهش کردن
eis (de)	taqāzā	تقاضا
eisen (met klem vragen)	darxāst kardan	درخواست کردن
beledigen	dast endāxtan	دست انداختن
(beledigende namen geven)		
uitlachen (ww)	masxare kardan	مسخره کردن
spot (de)	masxare	مسخره
bijnaam (de)	laqab	لقب
zinspeling (de)	kenāye	کنایه
zinspelen (ww)	kenāye zadan	کنایه زدن
impliceren (duiden op)	ma'ni dāštan	معنی داشتن
beschrijving (de)	towsif	توصیف
beschrijven (ww)	towsif kardan	توصیف کردن
lof (de)	tahsin	تحسین
loven (ww)	tahsin kardan	تحسین کردن
teleurstelling (de)	nāomidi	ناامیدی
teleurstellen (ww)	nāomid kardan	ناامید کردن
teleurgesteld zijn (ww)	nāomid šodan	ناامید شدن
veronderstelling (de)	farz	فرض
veronderstellen (ww)	farz kardan	فرض کردن

| waarschuwing (de) | extār | اخطار |
| waarschuwen (ww) | extār dādan | اخطار دادن |

64. Discussie, conversatie. Deel 3

| aanpraten (ww) | rāzi kardan | راضی کردن |
| kalmeren (kalm maken) | ārām kardan | آرام کردن |

stilte (de)	sokut	سکوت
zwijgen (ww)	sāket māndan	ساکت ماندن
fluisteren (ww)	najvā kardan	نجوا کردن
gefluister (het)	najvā	نجوا

| open, eerlijk (bw) | sādeqāne | صادقانه |
| volgens mij ... | be nazar-e man | به نظرمن |

detail (het)	joz'iyāt	جزئیات
gedetailleerd (bn)	mofassal	مفصل
gedetailleerd (bw)	be tafsil	به تفصیل

| hint (de) | sarnax | سرنخ |
| een hint geven | sarnax dādan | سرنخ دادن |

blik (de)	nazar	نظر
een kijkje nemen	nazar andāxtan	نظر انداختن
strak (een ~ke blik)	bi harekat	بی حرکت
knipperen (ww)	pelk zadan	پلک زدن
knipogen (ww)	češmak zadan	چشمک زدن
knikken (ww)	sar-e tekān dādan	سر تکان دادن

zucht (de)	āh	آه
zuchten (ww)	āh kešidan	آه کشیدن
huiveren (ww)	larzidan	لرزیدن
gebaar (het)	žest	ژست
aanraken (ww)	lams kardan	لمس کردن
grijpen (ww)	gereftan	گرفتن
een schouderklopje geven	zadan	زدن

Kijk uit!	movāzeb bāš!	مواظب باش!
Echt?	vāqe'an?	واقعاً؟
Bent je er zeker van?	motmaenn-i?	مطمئنی؟
Succes!	movaffaq bāšid!	موفق باشید!
Juist, ja!	albate!	البته!
Wat jammer!	heyf!	حیف!

65. Overeenstemming. Weigering

instemming (het)	movāfeqat	موافقت
instemmen (akkoord gaan)	movāfeqat kardan	موافقت کردن
goedkeuring (de)	ta'id	تایید
goedkeuren (ww)	ta'id kardan	تایید کردن
weigering (de)	emtenā'	امتناع

weigeren (ww)	rad kardan	رد کردن
Geweldig!	āli	عالی
Goed!	xub	خوب
Akkoord!	besyār xob!	بسیارخوب!

verboden (bn)	mamnu‘	ممنوع
het is verboden	mamnu‘ ast	ممنوع است
het is onmogelijk	qeyr-e momken ast	غیر ممکن است
onjuist (bn)	nādorost	نادرست

afwijzen (ww)	rad kardan	رد کردن
steunen	poštibāni kardan	پشتیبانی کردن
(een goed doel, enz.)		
aanvaarden (excuses ~)	qabul kardan	قبول کردن

bevestigen (ww)	ta‘yid kardan	تأیید کردن
bevestiging (de)	ta‘yid	تأیید
toestemming (de)	ejāze	اجازه
toestaan (ww)	ejāze dādan	اجازه دادن
beslissing (de)	tasmim	تصمیم
z'n mond houden (ww)	sokut kardan	سکوت کردن

voorwaarde (de)	šart	شرط
smoes (de)	bahāne	بهانه
lof (de)	tahsin	تحسین
loven (ww)	tahsin kardan	تحسین کردن

66. Succes. Veel geluk. Mislukking

succes (het)	movaffaqiyat	موفقیت
succesvol (bw)	bā movaffaqiyat	با موفقیت
succesvol (bn)	movaffaqiyat āmiz	موفقیت آمیز

geluk (het)	šāns	شانس
Succes!	movaffaq bāšid!	موفق باشید!
geluks- (bn)	šāns	شانس
gelukkig (fortuinlijk)	xoš šāns	خوش شانس

mislukking (de)	nākāmi	ناکامی
tegenslag (de)	bad šāns-i	بد شانسی
pech (de)	bad šāns-i	بد شانسی
zonder succes (bn)	nā movaffaq	نا موفق
catastrofe (de)	fāje‘e	فاجعه

fierheid (de)	eftexār	افتخار
fier (bn)	maqrur	مغرور
fier zijn (ww)	eftexār kardan	افتخارکردن

winnaar (de)	barande	برنده
winnen (ww)	piruz šodan	پیروز شدن
verliezen (ww)	bāxtan	باختن
poging (de)	talāš	تلاش
pogen, proberen (ww)	talāš kardan	تلاش کردن
kans (de)	šāns	شانس

67. Ruzies. Negatieve emoties

schreeuw (de)	faryād	فریاد
schreeuwen (ww)	faryād zadan	فریاد زدن
beginnen te schreeuwen	faryād zadan	فریاد زدن

ruzie (de)	da'vā	دعوا
ruzie hebben (ww)	da'vā kardan	دعوا کردن
schandaal (het)	mošājere	مشاجره
schandaal maken (ww)	janjāl kardan	جنجال کردن
conflict (het)	dargiri	درگیری
misverstand (het)	su'-e tafāhom	سوء تفاهم

belediging (de)	towhin	توهین
beledigen	towhin kardan	توهین کردن
(met scheldwoorden)		
beledigd (bn)	towhin šode	توهین شده
krenking (de)	ranješ	رنجش
krenken (beledigen)	ranjāndan	رنجاندن
gekwetst worden (ww)	ranjidan	رنجیدن

verontwaardiging (de)	xašm	خشم
verontwaardigd zijn (ww)	xašmgin šodan	خشمگین شدن
klacht (de)	šekāyat	شکایت
klagen (ww)	šekāyat kardan	شکایت کردن

verontschuldiging (de)	ozr xāhi	عذر خواهی
zich verontschuldigen	ozr xāstan	عذر خواستن
excuus vragen	ozr xāstan	عذر خواستن

kritiek (de)	enteqād	انتقاد
bekritiseren (ww)	enteqād kardan	انتقاد کردن
beschuldiging (de)	ettehām	اتهام
beschuldigen (ww)	mottaham kardan	متهم کردن

wraak (de)	enteqām	انتقام
wreken (ww)	enteqām gereftan	انتقام گرفتن
wraak nemen (ww)	talāfi darāvardan	تلافی درآوردن

minachting (de)	tahqir	تحقیر
minachten (ww)	tahqir kardan	تحقیر کردن
haat (de)	nefrat	نفرت
haten (ww)	motenaffer budan	متنفر بودن

zenuwachtig (bn)	asabi	عصبی
zenuwachtig zijn (ww)	asabi šodan	عصبی شدن
boos (bn)	xašmgin	خشمگین
boos maken (ww)	xašmgin kardan	خشمگین کردن

vernedering (de)	tahqir	تحقیر
vernederen (ww)	tahqir kardan	تحقیر کردن
zich vernederen (ww)	tahqir šodan	تحقیر شدن

schok (de)	šok	شوک
schokken (ww)	šokke kardan	شوکه کردن

onaangenaamheid (de)	moškel	مشكل
onaangenaam (bn)	nāxošāyand	ناخوشايند
vrees (de)	tars	ترس
vreselijk (bijv. ~ onweer)	eftezāh	افتضاح
eng (bn)	vahšatnāk	وحشتناک
gruwel (de)	vahšat	وحشت
vreselijk (~ nieuws)	vahšat āvar	وحشت آور
beginnen te beven	larzidan	لرزيدن
huilen (wenen)	gerye kardan	گريه کردن
beginnen te huilen (wenen)	gerye sar dādan	گريه سر دادن
traan (de)	ašk	اشک
schuld (~ geven aan)	taqsir	تقصير
schuldgevoel (het)	gonāh	گناه
schande (de)	ār	عار
protest (het)	e'terāz	اعتراض
stress (de)	fešār	فشار
storen (lastigvallen)	mozāhem šodan	مزاحم شدن
kwaad zijn (ww)	xašmgin budan	خشمگين بودن
kwaad (bn)	xašmgin	خشمگين
beëindigen (een relatie ~)	qat' kardan	قطع کردن
vloeken (ww)	fohš dādan	فحش دادن
schrikken (schrik krijgen)	tarsidan	ترسيدن
slaan (iemand ~)	zadan	زدن
vechten (ww)	zad-o-xord kardan	زد و خورد کردن
regelen (conflict)	hal-o-fasl kardan	حل و فصل کردن
ontevreden (bn)	nārāzi	ناراضی
woedend (bn)	qazabnāk	غضبناک
Dat is niet goed!	xub nist!	خوب نيست!
Dat is slecht!	bad ast!	بد است!

Geneeskunde

68. Ziekten

ziekte (de)	bimāri	بیماری
ziek zijn (ww)	bimār budan	بیمار بودن
gezondheid (de)	salāmati	سلامتی

snotneus (de)	āb-e rizeš-e bini	آب ریزش بینی
angina (de)	varam-e lowze	ورم لوزه
verkoudheid (de)	sarmā xordegi	سرما خوردگی
verkouden raken (ww)	sarmā xordan	سرما خوردن

bronchitis (de)	boronšit	برنشیت
longontsteking (de)	zātorrie	ذات الریه
griep (de)	ānfolānzā	آنفولانزا

bijziend (bn)	nazdik bin	نزدیک بین
verziend (bn)	durbin	دوربین
scheelheid (de)	enherāf-e čašm	انحراف چشم
scheel (bn)	luč	لوچ
grauwe staar (de)	āb morvārid	آب مروارید
glaucoom (het)	ab-e siyāh	آب سیاه

beroerte (de)	sekte-ye maqzi	سکته مغزی
hartinfarct (het)	sekte-ye qalbi	سکته قلبی
myocardiaal infarct (het)	ānfārktus	آنفارکتوس
verlamming (de)	falaji	فلجی
verlammen (ww)	falj kardan	فلج کردن

allergie (de)	ālerži	آلرژی
astma (de/het)	āsm	آسم
diabetes (de)	diyābet	دیابت

tandpijn (de)	dandān-e dard	دندان درد
tandbederf (het)	pusidegi	پوسیدگی

diarree (de)	eshāl	اسهال
constipatie (de)	yobusat	یبوست
maagstoornis (de)	nārāhati-ye me'de	ناراحتی معده
voedselvergiftiging (de)	masmumiyat	مسمومیت
voedselvergiftiging oplopen	masmum šodan	مسموم شدن

artritis (de)	varam-e mafāsel	ورم مفاصل
rachitis (de)	rāšitism	راشیتیسم
reuma (het)	romātism	روماتیسم
arteriosclerose (de)	tasallob-e šarāin	تصلب شرائین

gastritis (de)	varam-e me'de	ورم معده
blindedarmontsteking (de)	āpāndisit	آپاندیسیت

| galblaasontsteking (de) | eltehāb-e kise-ye safrā | التهاب کیسه صفرا |
| zweer (de) | zaxm | زخم |

mazelen (mv.)	sorxak	سرخک
rodehond (de)	sorxje	سرخجه
geelzucht (de)	yaraqān	یرقان
leverontsteking (de)	hepātit	هپاتیت

schizofrenie (de)	šizoferni	شیزوفرنی
dolheid (de)	hāri	هاری
neurose (de)	extelāl-e a'sāb	اختلال اعصاب
hersenschudding (de)	zarbe-ye maqzi	ضربه مغزی

kanker (de)	saratān	سرطان
sclerose (de)	eskeleroz	اسکلروز
multiple sclerose (de)	eskeleroz čandgāne	اسکلروز چندگانه

alcoholisme (het)	alkolism	الکلیسم
alcoholicus (de)	alkoli	الکلی
syfilis (de)	siflis	سیفلیس
AIDS (de)	eydz	ایدز

tumor (de)	tumor	تومور
kwaadaardig (bn)	bad xim	بد خیم
goedaardig (bn)	xoš xim	خوش خیم

koorts (de)	tab	تب
malaria (de)	mālāriyā	مالاریا
gangreen (het)	qānqāriyā	قانقاریا
zeeziekte (de)	daryā-zadegi	دریازدگی
epilepsie (de)	sar'	صرع

epidemie (de)	epidemi	اپیدمی
tyfus (de)	hasbe	حصبه
tuberculose (de)	sel	سل
cholera (de)	vabā	وبا
pest (de)	tā'un	طاعون

69. Symptomen. Behandelingen. Deel 1

symptoom (het)	alāem-e bimāri	علائم بیماری
temperatuur (de)	damā	دما
verhoogde temperatuur (de)	tab	تب
polsslag (de)	nabz	نبض

duizeling (de)	sargije	سرگیجه
heet (erg warm)	dāq	داغ
koude rillingen (mv.)	ra'še	رعشه
bleek (bn)	rang paride	رنگ پریده

hoest (de)	sorfe	سرفه
hoesten (ww)	sorfe kardan	سرفه کردن
niezen (ww)	atse kardan	عطسه کردن
flauwte (de)	qaš	غش

flauwvallen (ww)	qaš kardan	غش کردن
blauwe plek (de)	kabudi	کبودی
buil (de)	barāmadegi	برآمدگی
zich stoten (ww)	barxord kardan	برخورد کردن
kneuzing (de)	kuftegi	کوفتگی
kneuzen (gekneusd zijn)	zarb didan	ضرب دیدن

hinken (ww)	langidan	لنگیدن
verstuiking (de)	dar raftegi	دررفتگی
verstuiken (enkel, enz.)	dar raftan	دررفتن
breuk (de)	šekastegi	شکستگی
een breuk oplopen	dočār-e šekastegi šodan	دچار شکستگی شدن

snijwond (de)	boridegi	بریدگی
zich snijden (ww)	boridan	بریدن
bloeding (de)	xunrizi	خونریزی

| brandwond (de) | suxtegi | سوختگی |
| zich branden (ww) | dočār-e suxtegi šodan | دچار سوختگی شدن |

prikken (ww)	surāx kardan	سوراخ کردن
zich prikken (ww)	surāx kardan	سوراخ کردن
blesseren (ww)	āsib resāndan	آسیب رساندن
blessure (letsel)	zaxm	زخم
wond (de)	zaxm	زخم
trauma (het)	zarbe	ضربه

IJlen (ww)	hazyān goftan	هذیان گفتن
stotteren (ww)	loknat dāštan	لکنت داشتن
zonnesteek (de)	āftāb-zadegi	آفتابزدگی

70. Symptomen. Behandelingen. Deel 2

| pijn (de) | dard | درد |
| splinter (de) | xār | خار |

zweet (het)	araq	عرق
zweten (ww)	araq kardan	عرق کردن
braking (de)	estefrāq	استفراغ
stuiptrekkingen (mv.)	tašannoj	تشنج

zwanger (bn)	bārdār	باردار
geboren worden (ww)	motevalled šodan	متولد شدن
geboorte (de)	vaz'-e haml	وضع حمل
baren (ww)	be donyā āvardan	به دنیا آوردن
abortus (de)	seqt-e janin	سقط جنین

ademhaling (de)	tanaffos	تنفس
inademing (de)	estenšāq	استنشاق
uitademing (de)	bāzdam	بازدم
uitademen (ww)	bāzdamidan	بازدمیدن
inademen (ww)	nafas kešidan	نفس کشیدن
invalide (de)	ma'lul	معلول
gehandicapte (de)	falaj	فلج

drugsverslaafde (de)	mo'tād	معتاد
doof (bn)	kar	کر
stom (bn)	lāl	لال
doofstom (bn)	kar-o lāl	کر و لال

krankzinnig (bn)	divāne	دیوانه
krankzinnige (man)	divāne	دیوانه
krankzinnige (vrouw)	divāne	دیوانه
krankzinnig worden	divāne šodan	دیوانه شدن

gen (het)	žen	ژن
immuniteit (de)	masuniyat	مصونیت
erfelijk (bn)	mowrusi	موروثی
aangeboren (bn)	mādarzād	مادرزاد

virus (het)	virus	ویروس
microbe (de)	mikrob	میکروب
bacterie (de)	bākteri	باکتری
infectie (de)	ofunat	عفونت

71. Symptomen. Behandelingen. Deel 3

ziekenhuis (het)	bimārestān	بیمارستان
patiënt (de)	bimār	بیمار

diagnose (de)	tašxis	تشخیص
genezing (de)	mo'āleje	معالجه
medische behandeling (de)	darmān	درمان
onder behandeling zijn	darmān šodan	درمان شدن
behandelen (ww)	mo'āleje kardan	معالجه کردن
zorgen (zieken ~)	parastāri kardan	پرستاری کردن
ziekenzorg (de)	parastāri	پرستاری

operatie (de)	amal-e jarrāhi	عمل جراحی
verbinden (een arm ~)	pānsemān kardan	پانسمان کردن
verband (het)	pānsemān	پانسمان

vaccin (het)	vāksināsyon	واکسیناسیون
inenten (vaccineren)	vāksine kardan	واکسینه کردن
injectie (de)	tazriq	تزریق
een injectie geven	tazriq kardan	تزریق کردن

aanval (de)	hamle	حمله
amputatie (de)	qat'-e ozv	قطع عضو
amputeren (ww)	qat' kardan	قطع کردن
coma (het)	komā	کما
in coma liggen	dar komā budan	در کما بودن
intensieve zorg, ICU (de)	morāqebat-e viže	مراقبت ویژه

zich herstellen (ww)	behbud yāftan	بهبود یافتن
toestand (de)	hālat	حالت
bewustzijn (het)	huš	هوش
geheugen (het)	hāfeze	حافظه
trekken (een kies ~)	dandān kešidan	دندان کشیدن

| vulling (de) | por kardan | پر کردن |
| vullen (ww) | por kardan | پر کردن |

| hypnose (de) | hipnotizm | هیپنوتیزم |
| hypnotiseren (ww) | hipnotizm kardan | هیپنوتیزم کردن |

72. Artsen

dokter, arts (de)	pezešk	پزشک
ziekenzuster (de)	parastār	پرستار
lijfarts (de)	pezešk-e šaxsi	پزشک شخصی

tandarts (de)	dandān pezešk	دندان پزشک
oogarts (de)	češm-pezešk	چشم پزشک
therapeut (de)	pezešk omumi	پزشک عمومی
chirurg (de)	jarrāh	جراح

psychiater (de)	ravānpezešk	روانپزشک
pediater (de)	pezešk-e kudakān	پزشک کودکان
psycholoog (de)	ravānšenās	روانشناس
gynaecoloog (de)	motexasses-e zanān	متخصص زنان
cardioloog (de)	motexasses-e qalb	متخصص قلب

73. Geneeskunde. Medicijnen. Accessoires

geneesmiddel (het)	dāru	دارو
middel (het)	darmān	درمان
voorschrijven (ww)	tajviz kardan	تجویز کردن
recept (het)	nosxe	نسخه

tablet (de/het)	qors	قرص
zalf (de)	pomād	پماد
ampul (de)	āmpul	آمپول
drank (de)	šarbat	شربت
siroop (de)	šarbat	شربت
pil (de)	kapsul	کپسول
poeder (de/het)	pudr	پودر

verband (het)	bānd	باند
watten (mv.)	panbe	پنبه
jodium (het)	yod	ید

pleister (de)	časb-e zaxm	چسب زخم
pipet (de)	qatre čekān	قطره چکان
thermometer (de)	damāsanj	دماسنج
spuit (de)	sorang	سرنگ

| rolstoel (de) | vilčer | ویلچر |
| krukken (mv.) | čub zir baqal | چوب زیر بغل |

| pijnstiller (de) | mosaken | مسکن |
| laxeermiddel (het) | moshel | مسهل |

spiritus (de)	alkol	الکل
medicinale kruiden (mv.)	giyāhān-e dāruyi	گیاهان دارویی
kruiden- (abn)	giyāhi	گیاهی

74. Roken. Tabaksproducten

tabak (de)	tutun	توتون
sigaret (de)	sigār	سیگار
sigaar (de)	sigār	سیگار
pijp (de)	pip	پیپ
pakje (~ sigaretten)	baste	بسته

lucifers (mv.)	kebrit	کبریت
luciferdoosje (het)	quti-ye kebrit	قوطی کبریت
aansteker (de)	fandak	فندک
asbak (de)	zir-sigāri	زیرسیگاری
sigarettendoosje (het)	quti-ye sigār	قوطی سیگار

| sigarettenpijpje (het) | čub-e sigār | چوب سیگار |
| filter (de/het) | filter | فیلتر |

roken (ww)	sigār kešidan	سیگار کشیدن
een sigaret opsteken	sigār rowšan kardan	سیگار روشن کردن
roken (het)	sigār kešidan	سیگار کشیدن
roker (de)	sigāri	سیگاری

peuk (de)	tah-e sigār	ته سیگار
rook (de)	dud	دود
as (de)	xākestar	خاکستر

HET MENSELIJKE LEEFGEBIED

Stad

75. Stad. Het leven in de stad

stad (de)	šahr	شهر
hoofdstad (de)	pāytaxt	پایتخت
dorp (het)	rustā	روستا
plattegrond (de)	naqše-ye šahr	نقشهٔ شهر
centrum (ov. een stad)	markaz-e šahr	مرکز شهر
voorstad (de)	hume-ye šahr	حومهٔ شهر
voorstads- (abn)	hume-ye šahr	حومهٔ شهر
randgemeente (de)	hume	حومه
omgeving (de)	hume	حومه
blok (huizenblok)	mahalle	محله
woonwijk (de)	mahalle-ye maskuni	محلهٔ مسکونی
verkeer (het)	obur-o morur	عبور و مرور
verkeerslicht (het)	čerāq-e rāhnamā	چراغ راهنما
openbaar vervoer (het)	haml-o naql-e šahri	حمل و نقل شهری
kruispunt (het)	čahārrāh	چهارراه
zebrapad (oversteekplaats)	xatt-e āber-e piyāde	خط عابرپیاده
onderdoorgang (de)	zir-e gozar	زیر گذر
oversteken (de straat ~)	obur kardan	عبور کردن
voetganger (de)	piyāde	پیاده
trottoir (het)	piyāde row	پیاده رو
brug (de)	pol	پل
dijk (de)	xiyābān-e sāheli	خیابان ساحلی
fontein (de)	češme	چشمه
allee (de)	bāq rāh	باغ راه
park (het)	pārk	پارک
boulevard (de)	bolvār	بولوار
plein (het)	meydān	میدان
laan (de)	xiyābān	خیابان
straat (de)	xiyābān	خیابان
zijstraat (de)	kuče	کوچه
doodlopende straat (de)	bon bast	بن بست
huis (het)	xāne	خانه
gebouw (het)	sāxtemān	ساختمان
wolkenkrabber (de)	āsemānxarāš	آسمانخراش
gevel (de)	namā	نما
dak (het)	bām	بام

venster (het)	panjere	پنجره
boog (de)	tāq-e qowsi	طاق قوسی
pilaar (de)	sotun	ستون
hoek (ov. een gebouw)	nabš	نبش

vitrine (de)	vitrin	ویترین
gevelreclame (de)	tāblo	تابلو
affiche (de/het)	poster	پوستر
reclameposter (de)	poster-e tabliqāti	پوستر تبلیغاتی
aanplakbord (het)	bilbord	بیلبورد

vuilnis (de/het)	āšqāl	آشغال
vuilnisbak (de)	satl-e āšqāl	سطل آشغال
afval weggooien (ww)	kasif kardan	کثیف کردن
stortplaats (de)	jā-ye dafn-e āšqāl	جای دفن آشغال

telefooncel (de)	kābin-e telefon	کابین تلفن
straatlicht (het)	tir-e barq	تیر برق
bank (de)	nimkat	نیمکت

politieagent (de)	polis	پلیس
politie (de)	polis	پلیس
zwerver (de)	gedā	گدا
dakloze (de)	bi xānomān	بی خانمان

76. Stedelijke instellingen

winkel (de)	maqāze	مغازه
apotheek (de)	dāruxāne	داروخانه
optiek (de)	eynak foruši	عینک فروشی
winkelcentrum (het)	markaz-e tejāri	مرکز تجاری
supermarkt (de)	supermārket	سوپرمارکت

bakkerij (de)	nānvāyi	نانوایی
bakker (de)	nānvā	نانوا
banketbakkerij (de)	qannādi	قنادی
kruidenier (de)	baqqāli	بقالی
slagerij (de)	gušt foruši	گوشت فروشی

| groentewinkel (de) | sabzi foruši | سبزی فروشی |
| markt (de) | bāzār | بازار |

koffiehuis (het)	kāfe	کافه
restaurant (het)	resturān	رستوران
bar (de)	bār	بار
pizzeria (de)	pitzā-foruši	پیتزا فروشی

kapperssalon (de/het)	ārāyešgāh	آرایشگاه
postkantoor (het)	post	پست
stomerij (de)	xošk-šuyi	خشک‌شویی
fotostudio (de)	ātolye-ye akkāsi	آتلیۀ عکاسی

| schoenwinkel (de) | kafš foruši | کفش فروشی |
| boekhandel (de) | ketāb-foruši | کتاب فروشی |

sportwinkel (de)	maqāze-ye varzeši	مغازۀ ورزشی
kledingreparatie (de)	ta'mir-e lebās	تعمیر لباس
kledingverhuur (de)	kerāye-ye lebās	کرایۀ لباس
videotheek (de)	kerāye-ye film	کرایۀ فیلم

circus (de/het)	sirak	سیرک
dierentuin (de)	bāq-e vahš	باغ وحش
bioscoop (de)	sinamā	سینما
museum (het)	muze	موزه
bibliotheek (de)	ketābxāne	کتابخانه

theater (het)	teātr	تئاتر
opera (de)	operā	اپرا
nachtclub (de)	kābāre	کاباره
casino (het)	kāzino	کازینو

moskee (de)	masjed	مسجد
synagoge (de)	kenešt	کنشت
kathedraal (de)	kelisā-ye jāme'	کلیسای جامع
tempel (de)	ma'bad	معبد
kerk (de)	kelisā	کلیسا

instituut (het)	anistito	انستیتو
universiteit (de)	dānešgāh	دانشگاه
school (de)	madrese	مدرسه

gemeentehuis (het)	ostāndāri	استانداری
stadhuis (het)	šahrdāri	شهرداری
hotel (het)	hotel	هتل
bank (de)	bānk	بانک

ambassade (de)	sefārat	سفارت
reisbureau (het)	āžāns-e jahāngardi	آژانس جهانگردی
informatieloket (het)	daftar-e ettelāāt	دفتر اطلاعات
wisselkantoor (het)	sarrāfi	صرافی

metro (de)	metro	مترو
ziekenhuis (het)	bimārestān	بیمارستان

benzinestation (het)	pomp-e benzin	پمپ بنزین
parking (de)	pārking	پارکینگ

77. Stedelijk vervoer

bus, autobus (de)	otobus	اتوبوس
tram (de)	terāmvā	تراموا
trolleybus (de)	otobus-e barqi	اتوبوس برقی
route (de)	xat	خط
nummer (busnummer, enz.)	šomāre	شماره

rijden met ...	raftan bā	رفتن با
stappen (in de bus ~)	savār šodan	سوار شدن
afstappen (ww)	piyāde šodan	پیاده شدن
halte (de)	istgāh-e otobus	ایستگاه اتوبوس

volgende halte (de)	istgāh-e ba'di	ایستگاه بعدی
eindpunt (het)	istgāh-e āxar	ایستگاه آخر
dienstregeling (de)	barnāme	برنامه
wachten (ww)	montazer budan	منتظر بودن
kaartje (het)	belit	بلیط
reiskosten (de)	qeymat-e belit	قیمت بلیت
kassier (de)	sanduqdār	صندوقدار
kaartcontrole (de)	kontorol-e belit	کنترل بلیط
controleur (de)	kontorol či	کنترل چی
te laat zijn (ww)	ta'xir dāštan	تأخیرداشتن
missen (de bus ~)	az dast dādan	از دست دادن
zich haasten (ww)	ajale kardan	عجله کردن
taxi (de)	tāksi	تاکسی
taxichauffeur (de)	rānande-ye tāksi	راننده تاکسی
met de taxi (bw)	bā tāksi	با تاکسی
taxistandplaats (de)	istgāh-e tāksi	ایستگاه تاکسی
een taxi bestellen	tāksi gereftan	تاکسی گرفتن
een taxi nemen	tāksi gereftan	تاکسی گرفتن
verkeer (het)	obur-o morur	عبور و مرور
file (de)	terāfik	ترافیک
spitsuur (het)	sā'at-e šoluqi	ساعت شلوغی
parkeren (on.ww.)	pārk kardan	پارک کردن
parkeren (ov.ww.)	pārk kardan	پارک کردن
parking (de)	pārking	پارکینگ
metro (de)	metro	مترو
halte (bijv. kleine treinhalte)	istgāh	ایستگاه
de metro nemen	bā metro raftan	با مترو رفتن
trein (de)	qatār	قطار
station (treinstation)	istgāh-e rāh-e āhan	ایستگاه راه آهن

78. Bezienswaardigheden

monument (het)	mojassame	مجسمه
vesting (de)	qal'e	قلعه
paleis (het)	kāx	کاخ
kasteel (het)	qal'e	قلعه
toren (de)	borj	برج
mausoleum (het)	ārāmgāh	آرامگاه
architectuur (de)	me'māri	معماری
middeleeuws (bn)	qorun-e vasati	قرون وسطی
oud (bn)	qadimi	قدیمی
nationaal (bn)	melli	ملی
bekend (bn)	mašhur	مشهور
toerist (de)	turist	توریست
gids (de)	rāhnamā-ye tur	راهنمای تور
rondleiding (de)	gardeš	گردش

| tonen (ww) | nešān dādan | نشان دادن |
| vertellen (ww) | hekāyat kardan | حکایت کردن |

vinden (ww)	peydā kardan	پیدا کردن
verdwalen (de weg kwijt zijn)	gom šodan	گم شدن
plattegrond (~ van de metro)	naqše	نقشه
plattegrond (~ van de stad)	naqše	نقشه

souvenir (het)	sowqāti	سوغاتی
souvenirwinkel (de)	forušgāh-e sowqāti	فروشگاه سوغاتی
foto's maken	aks gereftan	عکس گرفتن
zich laten fotograferen	aks gereftan	عکس گرفتن

79. Winkelen

kopen (ww)	xarid kardan	خرید کردن
aankoop (de)	xarid	خرید
winkelen (ww)	xarid kardan	خرید کردن
winkelen (het)	xarid	خرید

| open zijn
(ov. een winkel, enz.) | bāz budan | باز بودن |
| gesloten zijn (ww) | baste budan | بسته بودن |

schoeisel (het)	kafš	کفش
kleren (mv.)	lebās	لباس
cosmetica (mv.)	lavāzem-e ārāyeši	لوازم آرایشی
voedingswaren (mv.)	mavādd-e qazāyi	مواد غذایی
geschenk (het)	hedye	هدیه

| verkoper (de) | forušande | فروشنده |
| verkoopster (de) | forušande-ye zan | فروشنده زن |

kassa (de)	sanduq	صندوق
spiegel (de)	āyene	آینه
toonbank (de)	pišxān	پیشخوان
paskamer (de)	otāq porov	اتاق پرو

aanpassen (ww)	emtehān kardan	امتحان کردن
passen (ov. kleren)	monāseb budan	مناسب بودن
bevallen (prettig vinden)	dust dāštan	دوست داشتن

prijs (de)	qeymat	قیمت
prijskaartje (het)	barčasb-e qeymat	برچسب قیمت
kosten (ww)	qeymat dāštan	قیمت داشتن
Hoeveel?	čeqadr?	چقدر؟
korting (de)	taxfif	تخفیف

niet duur (bn)	arzān	ارزان
goedkoop (bn)	arzān	ارزان
duur (bn)	gerān	گران
Dat is duur.	gerān ast	گران است
verhuur (de)	kerāye	کرایه
huren (smoking, enz.)	kerāye kardan	کرایه کردن

| krediet (het) | vām | وام |
| op krediet (bw) | xarid-e e'tebāri | خرید اعتباری |

80. Geld

geld (het)	pul	پول
ruil (de)	tabdil-e arz	تبدیل ارز
koers (de)	nerx-e arz	نرخ ارز
geldautomaat (de)	xodpardāz	خودپرداز
muntstuk (de)	sekke	سکه

| dollar (de) | dolār | دلار |
| euro (de) | yuro | یورو |

lire (de)	lire	لیره
Duitse mark (de)	mārk	مارک
frank (de)	farānak	فرانک
pond sterling (het)	pond-e esterling	پوند استرلینگ
yen (de)	yen	ین

schuld (geldbedrag)	qarz	قرض
schuldenaar (de)	bedehkār	بدهکار
uitlenen (ww)	qarz dādan	قرض دادن
lenen (geld ~)	qarz gereftan	قرض گرفتن

bank (de)	bānk	بانک
bankrekening (de)	hesāb-e bānki	حساب بانکی
storten (ww)	rixtan	ریختن
op rekening storten	be hesāb rixtan	به حساب ریختن
opnemen (ww)	az hesāb bardāštan	از حساب برداشتن

kredietkaart (de)	kārt-e e'tebāri	کارت اعتباری
baar geld (het)	pul-e naqd	پول نقد
cheque (de)	ček	چک
een cheque uitschrijven	ček neveštan	چک نوشتن
chequeboekje (het)	daste-ye ček	دسته چک

portefeuille (de)	kif-e pul	کیف پول
geldbeugel (de)	kif-e pul	کیف پول
safe (de)	gāvsanduq	گاوصندوق

erfgenaam (de)	vāres	وارث
erfenis (de)	mirās	میراث
fortuin (het)	dārāyi	دارایی

huur (de)	ejāre	اجاره
huurprijs (de)	kerāye-ye xāne	کرایه خانه
huren (huis, kamer)	ejāre kardan	اجاره کردن

prijs (de)	qeymat	قیمت
kostprijs (de)	arzeš	ارزش
som (de)	jam'-e kol	جمع کل
uitgeven (geld besteden)	xarj kardan	خرج کردن
kosten (mv.)	maxārej	مخارج

| bezuinigen (ww) | sarfeju-yi kardan | صرفه جویی کردن |
| zuinig (bn) | maqrun besarfe | مقرون به صرفه |

betalen (ww)	pardāxtan	پرداختن
betaling (de)	pardāxt	پرداخت
wisselgeld (het)	pul-e xerad	پول خرد

belasting (de)	māliyāt	مالیات
boete (de)	jarime	جریمه
beboeten (bekeuren)	jarime kardan	جریمه کردن

81. Post. Postkantoor

postkantoor (het)	post	پست
post (de)	post	پست
postbode (de)	nāme resān	نامه رسان
openingsuren (mv.)	sā'athā-ye kāri	ساعت های کاری

brief (de)	nāme	نامه
aangetekende brief (de)	nāme-ye sefāreši	نامه سفارشی
briefkaart (de)	kārt-e postāl	کارت پستال
telegram (het)	telegrām	تلگرام
postpakket (het)	baste posti	بسته پستی
overschrijving (de)	havāle	حواله

ontvangen (ww)	gereftan	گرفتن
sturen (zenden)	ferestādan	فرستادن
verzending (de)	ersāl	ارسال

adres (het)	nešāni	نشانی
postcode (de)	kod-e posti	کد پستی
verzender (de)	ferestande	فرستنده
ontvanger (de)	girande	گیرنده

| naam (de) | esm | اسم |
| achternaam (de) | nām-e xānevādegi | نام خانوادگی |

tarief (het)	ta'refe	تعرفه
standaard (bn)	ādi	عادی
zuinig (bn)	ādi	عادی

gewicht (het)	vazn	وزن
afwegen (op de weegschaal)	vazn kardan	وزن کردن
envelop (de)	pākat	پاکت
postzegel (de)	tambr	تمبر
een postzegel plakken op	tamr zadan	تمبر زدن

Woning. Huis. Thuis

82. Huis. Woning

huis (het)	xāne	خانه
thuis (bw)	dar xāne	در خانه
cour (de)	hayāt	حیاط
omheining (de)	hesār	حصار

baksteen (de)	ājor	آجر
van bakstenen	ājori	آجری
steen (de)	sang	سنگ
stenen (bn)	sangi	سنگی
beton (het)	boton	بتن
van beton	botoni	بتنی

nieuw (bn)	jadid	جدید
oud (bn)	qadimi	قدیمی
vervallen (bn)	maxrube	مخروبه
modern (bn)	modern	مدرن
met veel verdiepingen	čandtabaqe	چندطبقه
hoog (bn)	boland	بلند

verdieping (de)	tabaqe	طبقه
met een verdieping	yek tabaqe	یک طبقه

laagste verdieping (de)	tabaqe-ye pāin	طبقهٔ پائین
bovenverdieping (de)	tabaqe-ye bālā	طبقهٔ بالا

dak (het)	bām	بام
schoorsteen (de)	dudkeš	دودکش

dakpan (de)	saqf-e kazeb	سقف کاذب
pannen- (abn)	sofāli	سفالی
zolder (de)	zir-širvāni	زیرشیروانی

venster (het)	panjere	پنجره
glas (het)	šiše	شیشه

vensterbank (de)	tāqče-ye panjare	طاقچهٔ پنجره
luiken (mv.)	kerkere	کرکره

muur (de)	divār	دیوار
balkon (het)	bālkon	بالکن
regenpijp (de)	nāvdān	ناودان

boven (bw)	bālā	بالا
naar boven gaan (ww)	bālā raftan	بالا رفتن
afdalen (on.ww.)	pāyin āmadan	پایین آمدن
verhuizen (ww)	asbābkeši kardan	اسباب کشی کردن

83. Huis. Ingang. Lift

ingang (de)	darb-e vorudi	درب ورودی
trap (de)	pellekān	پلکان
treden (mv.)	pelle-hā	پله ها
trapleuning (de)	narde	نرده
hal (de)	lābi	لابی
postbus (de)	sanduq-e post	صندوق پست
vuilnisbak (de)	zobāle dān	زباله دان
vuilniskoker (de)	šuting zobale	شوتینگ زباله
lift (de)	āsānsor	آسانسور
goederenlift (de)	bālābar	بالابر
liftcabine (de)	kābin-e āsānsor	کابین آسانسور
de lift nemen	āsānsor gereftan	آسانسور گرفتن
appartement (het)	āpārtemān	آپارتمان
bewoners (mv.)	sākenān	ساکنان
buurman (de)	hamsāye	همسایه
buurvrouw (de)	hamsāye	همسایه
buren (mv.)	hamsāye-hā	همسایه ها

84. Huis. Deuren. Sloten

deur (de)	darb	درب
toegangspoort (de)	darvāze	دروازه
deurkruk (de)	dastgire-ye dar	دستگیرۀ در
ontsluiten (ontgrendelen)	bāz kardan	باز کردن
openen (ww)	bāz kardan	باز کردن
sluiten (ww)	bastan	بستن
sleutel (de)	kelid	کلید
sleutelbos (de)	daste	دسته
knarsen (bijv. scharnier)	qežqež kardan	غژغژ کردن
knarsgeluid (het)	qež qež	غژ غژ
scharnier (het)	lowlā	لولا
deurmat (de)	pādari	پادری
slot (het)	qofl	قفل
sleutelgat (het)	surāx kelid	سوراخ کلید
grendel (de)	kolun-e dar	کلون در
schuif (de)	čeft	چفت
hangslot (het)	qofl	قفل
aanbellen (ww)	zang zadan	زنگ زدن
bel (geluid)	zang	زنگ
deurbel (de)	zang-e dar	زنگ در
belknop (de)	zang	زنگ
geklop (het)	dar zadan	درزدن
kloppen (ww)	dar zadan	درزدن
code (de)	kod	کد

cijferslot (het)	qofl-e ramz dār	قفل رمز دار
parlofoon (de)	āyfon	آیفون
nummer (het)	pelāk-e manzel	پلاک منزل
naambordje (het)	pelāk	پلاک
deurspion (de)	češmi	چشمی

85. Huis op het platteland

dorp (het)	rustā	روستا
moestuin (de)	jāliz	جالیز
hek (het)	parčin	پرچین
houten hekwerk (het)	hesār	حصار
tuinpoortje (het)	darvāze	دروازه
graanschuur (de)	anbār	انبار
wortelkelder (de)	zirzamin	زیرزمین
schuur (de)	ālonak	آلونک
waterput (de)	čāh	چاه
kachel (de)	boxāri	بخاری
de kachel stoken	rowšan kardan-e boxāri	روشن کردن بخاری
brandhout (het)	hizom	هیزم
houtblok (het)	kande-ye čub	کندۀ چوب
veranda (de)	eyvān-e sarpušide	ایوان سرپوشیده
terras (het)	terās	تراس
bordes (het)	vorudi-e xāne	ورودی خانه
schommel (de)	tāb	تاب

86. Kasteel. Paleis

kasteel (het)	qal'e	قلعه
paleis (het)	kāx	کاخ
vesting (de)	qal'e	قلعه
ringmuur (de)	divār	دیوار
toren (de)	borj	برج
donjon (de)	borj-e asli	برج اصلی
valhek (het)	darb-e kešowyi	درب کشویی
onderaardse gang (de)	rāh-e zirzamini	راه زیرزمینی
slotgracht (de)	xandaq	خندق
ketting (de)	zanjir	زنجیر
schietgat (het)	mazqal	مزغل
prachtig (bn)	mojallal	مجلل
majestueus (bn)	bāšokuh	باشکوه
onneembaar (bn)	nofoz nāpazir	نفوذ ناپذیر
middeleeuws (bn)	qorun-e vasati	قرون وسطی

87. Appartement

appartement (het)	āpārtemān	آپارتمان
kamer (de)	otāq	اتاق
slaapkamer (de)	otāq-e xāb	اتاق خواب
eetkamer (de)	otāq-e qazāxori	اتاق غذاخوری
salon (de)	mehmānxāne	مهمانخانه
studeerkamer (de)	daftar	دفتر
gang (de)	tālār-e vorudi	تالار ورودی
badkamer (de)	hammām	حمام
toilet (het)	tuālet	توالت
plafond (het)	saqf	سقف
vloer (de)	kaf	کف
hoek (de)	guše	گوشه

88. Appartement. Schoonmaken

schoonmaken (ww)	tamiz kardan	تمیز کردن
opbergen (in de kast, enz.)	morattab kardan	مرتب کردن
stof (het)	gard	گرد
stoffig (bn)	gard ālud	گرد آلود
stoffen (ww)	gardgiri kardan	گردگیری کردن
stofzuiger (de)	jāru barqi	جارو برقی
stofzuigen (ww)	jāru barq-i kešidan	جارو برقی کشیدن
vegen (de vloer ~)	jāru kardan	جارو کردن
veegsel (het)	āšqāl	آشغال
orde (de)	nazm	نظم
wanorde (de)	bi nazmi	بی نظمی
zwabber (de)	jāru-ye dastedār	جاروی دسته دار
poetsdoek (de)	kohne	کهنه
veger (de)	jārub	جاروب
stofblik (het)	xāk andāz	خاک انداز

89. Meubels. Interieur

meubels (mv.)	mobl	مبل
tafel (de)	miz	میز
stoel (de)	sandali	صندلی
bed (het)	taxt-e xāb	تخت خواب
bankstel (het)	kānāpe	کاناپه
fauteuil (de)	mobl-e rāhati	مبل راحتی
boekenkast (de)	qafase-ye ketāb	قفسه کتاب
boekenrek (het)	qafase	قفسه
kledingkast (de)	komod	کمد
kapstok (de)	raxt āviz	رخت آویز

staande kapstok (de)	čub lebāsi	چوب لباسی
commode (de)	komod	کمد
salontafeltje (het)	miz-e pišdasti	میز پیشدستی

spiegel (de)	āyene	آینه
tapijt (het)	farš	فرش
tapijtje (het)	qāliče	قالیچه

haard (de)	šumine	شومینه
kaars (de)	šam'	شمع
kandelaar (de)	šam'dān	شمعدان

gordijnen (mv.)	parde	پرده
behang (het)	kāqaz-e divāri	کاغذ دیواری
jaloezie (de)	kerkere	کرکره

bureaulamp (de)	čerāq-e rumizi	چراغ رومیزی
wandlamp (de)	čerāq-e divāri	چراغ دیواری
staande lamp (de)	ābāžur	آباژور
luchter (de)	luster	لوستر

poot (ov. een tafel, enz.)	pāye	پایه
armleuning (de)	daste-ye sandali	دستۀ صندلی
rugleuning (de)	pošti	پشتی
la (de)	kešow	کشو

90. Beddengoed

beddengoed (het)	raxt-e xāb	رخت خواب
kussen (het)	bālešt	بالشت
kussenovertrek (de)	rubalešt	روبالشت
deken (de)	patu	پتو
laken (het)	malāfe	ملافه
sprei (de)	rutaxti	روتختی

91. Keuken

keuken (de)	āšpazxāne	آشپزخانه
gas (het)	gāz	گاز
gasfornuis (het)	ojāgh-e gāz	اجاق گاز
elektrisch fornuis (het)	ojāgh-e barghi	اجاق برقی
oven (de)	fer	فر
magnetronoven (de)	māykrofer	مایکروفر

koelkast (de)	yaxčāl	یخچال
diepvriezer (de)	fereyzer	فریزر
vaatwasmachine (de)	māšin-e zarfšuyi	ماشین ظرفشویی

vleesmolen (de)	čarx-e gušt	چرخ گوشت
vruchtenpers (de)	ābmive giri	آبمیوه گیری
toaster (de)	towster	توستر
mixer (de)	maxlut kon	مخلوط کن

koffiemachine (de)	qahve sāz	قهوه ساز
koffiepot (de)	qahve juš	قهوه جوش
koffiemolen (de)	āsiyāb-e qahve	آسیاب قهوه

fluitketel (de)	ketri	کتری
theepot (de)	quri	قوری
deksel (de/het)	sarpuš	سرپوش
theezeefje (het)	čāy sāf kon	چای صاف کن

lepel (de)	qāšoq	قاشق
theelepeltje (het)	qāšoq čāy xori	قاشق چای خوری
eetlepel (de)	qāšoq sup xori	قاشق سوپ خوری
vork (de)	čangāl	چنگال
mes (het)	kārd	کارد

vaatwerk (het)	zoruf	ظروف
bord (het)	bošqāb	بشقاب
schoteltje (het)	na'lbeki	نعلبکی

likeurglas (het)	gilās-e vodkā	گیلاس ودکا
glas (het)	estekān	استکان
kopje (het)	fenjān	فنجان

suikerpot (de)	qandān	قندان
zoutvat (het)	namakdān	نمکدان
pepervat (het)	felfeldān	فلفلدان
boterschaaltje (het)	zarf-e kare	ظرف کره

pan (de)	qāblame	قابلمه
bakpan (de)	tābe	تابه
pollepel (de)	malāqe	ملاقه
vergiet (de/het)	ābkeš	آبکش
dienblad (het)	sini	سینی

fles (de)	botri	بطری
glazen pot (de)	šiše	شیشه
blik (conserven~)	quti	قوطی

flesopener (de)	dar bāz kon	در بازکن
blikopener (de)	dar bāz kon	در بازکن
kurkentrekker (de)	dar bāz kon	در بازکن
filter (de/het)	filter	فیلتر
filteren (ww)	filter kardan	فیلتر کردن

| huisvuil (het) | āšqāl | آشغال |
| vuilnisemmer (de) | satl-e zobāle | سطل زباله |

92. Badkamer

badkamer (de)	hammām	حمام
water (het)	āb	آب
kraan (de)	šir	شیر
warm water (het)	āb-e dāq	آب داغ
koud water (het)	āb-e sard	آب سرد

tandpasta (de)	xamir-e dandān	خمیر دندان
tanden poetsen (ww)	mesvāk zadan	مسواک زدن
tandenborstel (de)	mesvāk	مسواک

zich scheren (ww)	riš tarāšidan	ریش تراشیدن
scheercrème (de)	xamir-e eslāh	خمیر اصلاح
scheermes (het)	tiq	تیغ

wassen (ww)	šostan	شستن
een bad nemen	hamām kardan	حمام کردن
douche (de)	duš	دوش
een douche nemen	duš gereftan	دوش گرفتن

bad (het)	vān hammām	وان حمام
toiletpot (de)	tuālet-e farangi	توالت فرنگی
wastafel (de)	sink	سینک

zeep (de)	sābun	صابون
zeepbakje (het)	jā sābun	جا صابون

spons (de)	abr	ابر
shampoo (de)	šāmpu	شامپو
handdoek (de)	howle	حوله
badjas (de)	howle-ye hamām	حوله حمام

was (bijv. handwas)	raxčuyi	لباسشویی
wasmachine (de)	māšin-e lebas-šui	ماشین لباسشویی
de was doen	šostan-e lebās	شستن لباس
waspoeder (de)	pudr-e lebas-šui	پودر لباسشویی

93. Huishoudelijke apparaten

televisie (de)	televiziyon	تلویزیون
cassettespeler (de)	zabt-e sowt	ضبط صوت
videorecorder (de)	video	ویدئو
radio (de)	rādiyo	رادیو
speler (de)	paxš konande	پخش کننده

videoprojector (de)	video porožektor	ویدئو پروژکتور
home theater systeem (het)	sinamā-ye xānegi	سینمای خانگی
DVD-speler (de)	paxš konande-ye di vi di	پخش کننده دی وی دی
versterker (de)	āmpli-fāyer	آمپلی فایر
spelconsole (de)	konsul-e bāzi	کنسول بازی

videocamera (de)	durbin-e filmbardāri	دوربین فیلمبرداری
fotocamera (de)	durbin-e akkāsi	دوربین عکاسی
digitale camera (de)	durbin-e dijitāl	دوربین دیجیتال

stofzuiger (de)	jāru barqi	جارو برقی
strijkijzer (het)	oto	اتو
strijkplank (de)	miz-e otu	میز اتو

telefoon (de)	telefon	تلفن
mobieltje (het)	telefon-e hamrāh	تلفن همراه

| schrijfmachine (de) | māšin-e tahrir | ماشین تحریر |
| naaimachine (de) | čarx-e xayyāti | چرخ خیاطی |

microfoon (de)	mikrofon	میکروفون
koptelefoon (de)	guši	گوشی
afstandsbediening (de)	kontorol az rāh-e dur	کنترل از راه دور

CD (de)	si-di	سیدی
cassette (de)	kāst	کاست
vinylplaat (de)	safhe-ye gerāmāfon	صفحه گرامافون

94. Reparaties. Renovatie

renovatie (de)	ta'mir	تعمیر
renoveren (ww)	ta'mir kardan	تعمیر کردن
repareren (ww)	ta'mir kardan	تعمیر کردن
op orde brengen	morattab kardan	مرتب کردن
overdoen (ww)	dobāre anjām dādan	دوباره انجام دادن

verf (de)	rang	رنگ
verven (muur ~)	rang kardan	رنگ کردن
schilder (de)	naqqāš	نقاش
kwast (de)	qalam mu	قلم مو

| kalk (de) | sefid kāri | سفید کاری |
| kalken (ww) | sefid kāri kardan | سفید کاری کردن |

behang (het)	kāqaz-e divāri	کاغذ دیواری
behangen (ww)	kāqaz-e divāri kardan	کاغذ دیواری کردن
lak (de/het)	lāk	لاک
lakken (ww)	lāk zadan	لاک زدن

95. Loodgieterswerk

water (het)	āb	آب
warm water (het)	āb-e dāq	آب داغ
koud water (het)	āb-e sard	آب سرد
kraan (de)	šir	شیر

druppel (de)	qatre	قطره
druppelen (ww)	čakidan	چکیدن
lekken (een lek hebben)	našt kardan	نشت کردن
lekkage (de)	našt	نشت
plasje (het)	čāle	چاله

buis, leiding (de)	lule	لوله
stopkraan (de)	šir-e falake	شیر فلکه
verstopt raken (ww)	masdud šodan	مسدود شدن

gereedschap (het)	abzār	ابزار
Engelse sleutel (de)	āčār-e farānse	آچار فرانسه
losschroeven (ww)	bāz kardan	باز کردن

aanschroeven (ww)	pič kardan	پیچ کردن
ontstoppen (riool, enz.)	lule bāz kardan	لوله باز کردن
loodgieter (de)	lule keš	لوله کش
kelder (de)	zirzamin	زیرزمین
riolering (de)	fāzelāb	فاضلاب

96. Brand. Vuurzee

brand (de)	ātaš suzi	آتش سوزی
vlam (de)	šo'le	شعله
vonk (de)	jaraqqe	جرقه
rook (de)	dud	دود
fakkel (de)	maš'al	مشعل
kampvuur (het)	ātaš	آتش
benzine (de)	benzin	بنزین
kerosine (de)	naft-e sefid	نفت سفید
brandbaar (bn)	sutani	سوختنی
ontplofbaar (bn)	mavādd-e monfajere	مواد منفجره
VERBODEN TE ROKEN!	sigār kešidan mamnu'	سیگار کشیدن ممنوع
veiligheid (de)	amniyat	امنیت
gevaar (het)	xatar	خطر
gevaarlijk (bn)	xatarnāk	خطرناک
in brand vliegen (ww)	ātaš gereftan	آتش گرفتن
explosie (de)	enfejār	انفجار
in brand steken (ww)	ātaš zadan	آتش زدن
brandstichter (de)	ātaš afruz	آتش افروز
brandstichting (de)	ātaš zadan-e amdi	آتش زدن عمدی
vlammen (ww)	šo'levar budan	شعله ور بودن
branden (ww)	suxtan	سوختن
afbranden (ww)	suxtan	سوختن
de brandweer bellen	ātaš-e nešāni rā xabar kardan	آتش نشانی را خبر کردن
brandweerman (de)	ātaš nešān	آتش نشان
brandweerwagen (de)	māšin-e ātašnešāni	ماشین آتش نشانی
brandweer (de)	tim-e ātašnešāni	تیم آتش نشانی
uitschuifbare ladder (de)	nardebān-e ātašnešāni	نردبان آتش نشانی
brandslang (de)	šelang-e ātaš-nešāni	شلنگ آتش نشانی
brandblusser (de)	kapsul-e ātašnešāni	کپسول آتش نشانی
helm (de)	kolāh-e imeni	کلاه ایمنی
sirene (de)	āžir-e xatar	آژیر خطر
roepen (ww)	faryād zadan	فریاد زدن
hulp roepen	be komak talabidan	به کمک طلبیدن
redder (de)	nejāt-e dahande	نجات دهنده
redden (ww)	najāt dādan	نجات دادن
aankomen (per auto, enz.)	residan	رسیدن
blussen (ww)	xāmuš kardan	خاموش کردن

water (het)	āb	آب
zand (het)	šen	شن

ruïnes (mv.)	xarābe	خرابه
instorten (gebouw, enz.)	foru rixtan	فرو ریختن
ineenstorten (ww)	rizeš kardan	ریزش کردن
inzakken (ww)	foru rixtan	فرو ریختن

brokstuk (het)	qet'e	قطعه
as (de)	xākestar	خاکستر

verstikken (ww)	xafe šodan	خفه شدن
omkomen (ww)	košte šodan	کشته شدن

MENSELIJKE ACTIVITEITEN

Baan. Business. Deel 1

97. Bankieren

Nederlands	Transcriptie	Perzisch
bank (de)	bānk	بانک
bankfiliaal (het)	šo'be	شعبه
bankbediende (de)	mošāver	مشاور
manager (de)	modir	مدیر
bankrekening (de)	hesāb-e bānki	حساب بانکی
rekeningnummer (het)	šomāre-ye hesāb	شمارهٔ حساب
lopende rekening (de)	hesāb-e jāri	حساب جاری
spaarrekening (de)	hesāb-e pasandāz	حساب پس انداز
een rekening openen	hesāb-e bāz kardan	حساب باز کردن
de rekening sluiten	hesāb rā bastan	حساب را بستن
op rekening storten	be hesāb rixtan	به حساب ریختن
opnemen (ww)	az hesāb bardāštan	از حساب برداشتن
storting (de)	seporde	سپرده
een storting maken	seporde gozāštan	سپرده گذاشتن
overschrijving (de)	enteqāl	انتقال
een overschrijving maken	enteqāl dādan	انتقال دادن
som (de)	jam'-e kol	جمع کل
Hoeveel?	čeqadr?	چقدر؟
handtekening (de)	emzā'	امضاء
ondertekenen (ww)	emzā kardan	امضا کردن
kredietkaart (de)	kārt-e e'tebāri	کارت اعتباری
code (de)	kod	کد
kredietkaartnummer (het)	šomāre-ye kārt-e e'tebāri	شماره کارت اعتباری
geldautomaat (de)	xodpardāz	خودپرداز
cheque (de)	ček	چک
een cheque uitschrijven	ček neveštan	چک نوشتن
chequeboekje (het)	daste-ye ček	دسته چک
lening, krediet (de)	e'tebār	اعتبار
een lening aanvragen	darxāst-e vam kardan	درخواست وام کردن
een lening nemen	vām gereftan	وام گرفتن
een lening verlenen	vām dādan	وام دادن
garantie (de)	zemānat	ضمانت

98. Telefoon. Telefoongesprek

telefoon (de)	telefon	تلفن
mobieltje (het)	telefon-e hamrāh	تلفن همراه
antwoordapparaat (het)	monši-ye telefoni	منشی تلفنی
bellen (ww)	telefon zadan	تلفن زدن
belletje (telefoontje)	tamās-e telefoni	تماس تلفنی
een nummer draaien	šomāre gereftan	شماره گرفتن
Hallo!	alo!	الو!
vragen (ww)	porsidan	پرسیدن
antwoorden (ww)	javāb dādan	جواب دادن
horen (ww)	šenidan	شنیدن
goed (bw)	xub	خوب
slecht (bw)	bad	بد
storingen (mv.)	sedā	صدا
hoorn (de)	guši	گوشی
opnemen (ww)	guši rā bar dāštan	گوشی را برداشتن
ophangen (ww)	guši rā gozāštan	گوشی را گذاشتن
bezet (bn)	mašqul	مشغول
overgaan (ww)	zang zadan	زنگ زدن
telefoonboek (het)	daftar-e telefon	دفتر تلفن
lokaal (bn)	mahalli	محلی
lokaal gesprek (het)	telefon-e dāxeli	تلفن داخلی
interlokaal (bn)	beyn-e šahri	بین شهری
interlokaal gesprek (het)	telefon-e beyn-e šahri	تلفن بین شهری
buitenlands (bn)	beynolmelali	بین المللی
buitenlands gesprek (het)	telefon-e beynolmelali	تلفن بین المللی

99. Mobiele telefoon

mobieltje (het)	telefon-e hamrāh	تلفن همراه
scherm (het)	namāyešgar	نمایشگر
toets, knop (de)	dokme	دکمه
simkaart (de)	sim-e kārt	سیم کارت
batterij (de)	bātri	باطری
leeg zijn (ww)	tamām šodan bātri	تمام شدن باتری
acculader (de)	šāržer	شارژ
menu (het)	meno	منو
instellingen (mv.)	tanzimāt	تنظیمات
melodie (beltoon)	āhang	آهنگ
selecteren (ww)	entexāb kardan	انتخاب کردن
rekenmachine (de)	māšin-e hesāb	ماشین حساب
voicemail (de)	monši-ye telefoni	منشی تلفنی
wekker (de)	sā'at-e zang dār	ساعت زنگ دار

contacten (mv.)	daftar-e telefon	دفتر تلفن
SMS-bericht (het)	payāmak	پیامک
abonnee (de)	moštarek	مشترک

100. Schrijfbehoeften

| balpen (de) | xodkār | خودکار |
| vulpen (de) | xodnevis | خودنویس |

potlood (het)	medād	مداد
marker (de)	māžik	ماژیک
viltstift (de)	māžik	ماژیک

| notitieboekje (het) | daftar-e yāddāšt | دفتر یادداشت |
| agenda (boekje) | daftar-e yāddāšt | دفتر یادداشت |

liniaal (de/het)	xat keš	خط کش
rekenmachine (de)	māšin-e hesāb	ماشین حساب
gom (de)	pāk kon	پاک کن
punaise (de)	punez	پونز
paperclip (de)	gire	گیره

lijm (de)	časb	چسب
nietmachine (de)	mangane-ye zan	منگنه زن
perforator (de)	pānč	پانچ
potloodslijper (de)	madād-e tarāš	مداد تراش

Baan. Business. Deel 2

101. Massamedia

krant (de)	ruznāme	روزنامه
tijdschrift (het)	majalle	مجله
pers (gedrukte media)	matbuāt	مطبوعات
radio (de)	rādiyo	رادیو
radiostation (het)	istgāh-e rādiyoyi	ایستگاه رادیویی
televisie (de)	televiziyon	تلویزیون
presentator (de)	mojri	مجری
nieuwslezer (de)	guyande-ye axbār	گوینده اخبار
commentator (de)	mofasser	مفسر
journalist (de)	ruznāme negār	روزنامه نگار
correspondent (de)	xabarnegār	خبرنگار
fotocorrespondent (de)	akkās-e matbuāti	عکاس مطبوعاتی
reporter (de)	gozārešgar	گزارشگر
redacteur (de)	virāstār	ویراستار
chef-redacteur (de)	sardabir	سردبیر
zich abonneren op	moštarak šodan	مشترک شدن
abonnement (het)	ešterāk	اشتراک
abonnee (de)	moštarek	مشترک
lezen (ww)	xāndan	خواندن
lezer (de)	xānande	خواننده
oplage (de)	tirāž	تیراژ
maand-, maandelijks (bn)	māhāne	ماهانه
wekelijks (bn)	haftegi	هفتگی
nummer (het)	šomāre	شماره
vers (~ van de pers)	tāze	تازه
kop (de)	sar xat-e xabar	سرخط خبر
korte artikel (het)	maqāle-ye kutāh	مقاله کوتاه
rubriek (de)	sotun	ستون
artikel (het)	maqāle	مقاله
pagina (de)	safhe	صفحه
reportage (de)	gozāreš	گزارش
gebeurtenis (de)	vāqe'e	واقعه
sensatie (de)	hayajān	هیجان
schandaal (het)	janjāl	جنجال
schandalig (bn)	janjāl āvar	جنجال آور
groot (~ schandaal, enz.)	bozorg	بزرگ
programma (het)	barnāme	برنامه
interview (het)	mosāhebe	مصاحبه

| live uitzending (de) | paxš-e mostaqim | پخش مستقیم |
| kanaal (het) | kānāl | کانال |

102. Landbouw

landbouw (de)	kešāvarzi	کشاورزی
boer (de)	dehqān	دهقان
boerin (de)	dehqān	دهقان
landbouwer (de)	kešāvarz	کشاورز

| tractor (de) | terāktor | تراکتور |
| maaidorser (de) | kombāyn | کمباین |

ploeg (de)	gāvāhan	گاوآهن
ploegen (ww)	šoxm zadan	شخم زدن
akkerland (het)	zamin āmāde kešt	زمین آماده کشت
voor (de)	šiyār	شیار

zaaien (ww)	kāštan	کاشتن
zaaimachine (de)	bazrpāš	بذرپاش
zaaien (het)	košt	کشت

| zeis (de) | dās | داس |
| maaien (ww) | dero kardan | درو کردن |

| schop (de) | bil | بیل |
| spitten (ww) | kandan | کندن |

schoffel (de)	kaj bil	کج بیل
wieden (ww)	vajin kardan	وجین کردن
onkruid (het)	alaf-e harz	علف هرز

gieter (de)	āb pāš	آب پاش
begieten (water geven)	āb dādan	آب دادن
bewatering (de)	ābyāri	آبیاری

| riek, hooivork (de) | čangak | چنگک |
| hark (de) | šen keš | شن کش |

kunstmest (de)	kud	کود
bemesten (ww)	kud dādan	کود دادن
mest (de)	kud-e heyvāni	کود حیوانی

veld (het)	sahrā	صحرا
wei (de)	čaman	چمن
moestuin (de)	jāliz	جالیز
boomgaard (de)	bāq	باغ

weiden (ww)	čerāndan	چراندن
herder (de)	čupān	چوپان
weiland (de)	čerā-gāh	چراگاه

| veehouderij (de) | dāmparvari | دامپروری |
| schapenteelt (de) | gusfand dāri | گوسفند داری |

plantage (de)	mazrae	مزرعه
rijtje (het)	radif	ردیف
broeikas (de)	golxāne	گلخانه

| droogte (de) | xošksāli | خشکسالی |
| droog (bn) | xošk | خشک |

graan (het)	dāne	دانه
graangewassen (mv.)	qallāt	غلات
oogsten (ww)	mahsul-e jam' kardan	محصول جمع کردن

molenaar (de)	āsiyābān	آسیابان
molen (de)	āsiyāb	آسیاب
malen (graan ~)	qalle kubidan	غله کوبیدن
bloem (bijv. tarwebloem)	ārd	آرد
stro (het)	kāh	کاه

103. Gebouw. Bouwproces

bouwplaats (de)	mahal-e sāxt-o sāz	محل ساخت و ساز
bouwen (ww)	sāxtan	ساختن
bouwvakker (de)	kārgar-e sāxtemāni	کارگر ساختمانی

project (het)	porože	پروژه
architect (de)	me'mār	معمار
arbeider (de)	kārgar	کارگر

fundering (de)	šālude	شالوده
dak (het)	bām	بام
heipaal (de)	pāye	پایه
muur (de)	divār	دیوار

| betonstaal (het) | milgerd | میلگرد |
| steigers (mv.) | dārbast | داربست |

beton (het)	boton	بتن
graniet (het)	sang-e gerānit	سنگ گرانیت
steen (de)	sang	سنگ
baksteen (de)	ājor	آجر

zand (het)	šen	شن
cement (de/het)	simān	سیمان
pleister (het)	gač kāri	گچ کاری
pleisteren (ww)	gačkār-i kardan	گچکاری کردن

verf (de)	rang	رنگ
verven (muur ~)	rang kardan	رنگ کردن
ton (de)	boške	بشکه

kraan (de)	jarsaqil	جرثقیل
heffen, hijsen (ww)	boland kardan	بلند کردن
neerlaten (ww)	pāin āvardan	پائین آوردن
bulldozer (de)	buldozer	بولدوزر
graafmachine (de)	dastgāh-e haffāri	دستگاه حفاری

graafbak (de)	bil	بیل
graven (tunnel, enz.)	kandan	کندن
helm (de)	kolāh-e imeni	کلاه ایمنی

Beroepen en ambachten

104. Zoeken naar werk. Ontslag

baan (de)	kār	كار
werknemers (mv.)	kārmandān	كارمندان
personeel (het)	kādr	كادر
carrière (de)	šoql	شغل
vooruitzichten (mv.)	durnamā	دورنما
meesterschap (het)	mahārat	مهارت
keuze (de)	entexāb	انتخاب
uitzendbureau (het)	āžāns-e kāryābi	آژانس کاریابی
CV, curriculum vitae (het)	rezume	رزومه
sollicitatiegesprek (het)	mosāhabe-ye kari	مصاحبه کاری
vacature (de)	post-e xāli	پست خالی
salaris (het)	hoquq	حقوق
vaste salaris (het)	darāmad-e s ābet	درآمد ثابت
loon (het)	pardāxt	پرداخت
betrekking (de)	šoql	شغل
taak, plicht (de)	vazife	وظیفه
takenpakket (het)	šarh-e vazāyef	شرح وظایف
bezig (~ zijn)	mašqul	مشغول
ontslagen (ww)	exrāj kardan	اخراج کردن
ontslag (het)	exrāj	اخراج
werkloosheid (de)	bikāri	بیکاری
werkloze (de)	bikār	بیکار
pensioen (het)	mostamerri	مستمری
met pensioen gaan	bāznešaste šodan	بازنشسته شدن

105. Zakenmensen

directeur (de)	modir	مدیر
beheerder (de)	modir	مدیر
hoofd (het)	ra'is	رئیس
baas (de)	māfowq	مافوق
superieuren (mv.)	roasā	رؤسا
president (de)	ra'is jomhur	رئیس جمهور
voorzitter (de)	ra'is	رئیس
adjunct (de)	mo'āven	معاون
assistent (de)	mo'āven	معاون

| secretaris (de) | monši | منشی |
| persoonlijke assistent (de) | dastyār-e šaxsi | دستیار شخصی |

zakenman (de)	bāzargān	بازرگان
ondernemer (de)	kārāfarin	کارآفرین
oprichter (de)	moasses	مؤسس
oprichten	ta'sis kardan	تأسیس کردن
(een nieuw bedrijf ~)		

stichter (de)	hamkār	همکار
partner (de)	šarik	شریک
aandeelhouder (de)	sahāmdār	سهامدار

miljonair (de)	milyuner	میلیونر
miljardair (de)	milyārder	میلیاردر
eigenaar (de)	sāheb	صاحب
landeigenaar (de)	zamin-dār	زمین دار

klant (de)	xaridār	خریدار
vaste klant (de)	xaridār-e dāemi	خریدار دائمی
koper (de)	xaridār	خریدار
bezoeker (de)	bāzdid konande	بازدید کننده
professioneel (de)	herfe i	حرفه ای
expert (de)	kāršenās	کارشناس
specialist (de)	motexasses	متخصص

| bankier (de) | kārmand-e bānk | کارمند بانک |
| makelaar (de) | dallāl-e kārgozār | دلال کارگزار |

kassier (de)	sanduqdār	صندوقدار
boekhouder (de)	hesābdār	حسابدار
bewaker (de)	negahbān	نگهبان

investeerder (de)	sarmāye gozār	سرمایه گذار
schuldenaar (de)	bedehkār	بدهکار
crediteur (de)	talabkār	طلبکار
lener (de)	vām girande	وام گیرنده

| importeur (de) | vāred konande | وارد کننده |
| exporteur (de) | sāder konande | صادر کننده |

producent (de)	towlid konande	تولید کننده
distributeur (de)	towzi' konande	توزیع کننده
bemiddelaar (de)	vāsete	واسطه

adviseur, consulent (de)	mošāver	مشاور
vertegenwoordiger (de)	namāyande	نماینده
agent (de)	namāyande	نماینده
verzekeringsagent (de)	namāyande-ye bime	نمایندهٔ بیمه

106. Dienstverlenende beroepen

| kok (de) | āšpaz | آشپز |
| chef-kok (de) | sarāšpaz | سرآشپز |

bakker (de)	nānvā	نانوا
barman (de)	motesaddi-ye bār	متصدی بار
kelner, ober (de)	pišxedmat	پیشخدمت
serveerster (de)	pišxedmat	پیشخدمت

advocaat (de)	vakil	وکیل
jurist (de)	hoquq dān	حقوق دان
notaris (de)	daftardār	دفتردار

elektricien (de)	barq-e kār	برق کار
loodgieter (de)	lule keš	لوله کش
timmerman (de)	najjār	نجار

masseur (de)	māsāž dahande	ماساژ دهنده
masseuse (de)	māsāž dahande	ماساژ دهنده
dokter, arts (de)	pezešk	پزشک

taxichauffeur (de)	rānande-ye tāksi	راننده تاکسی
chauffeur (de)	rānande	راننده
koerier (de)	peyk	پیک

kamermeisje (het)	mostaxdem	مستخدم
bewaker (de)	negahbān	نگهبان
stewardess (de)	mehmāndār-e havāpeymā	مهماندار هواپیما

meester (de)	mo'allem	معلم
bibliothecaris (de)	ketābdār	کتابدار
vertaler (de)	motarjem	مترجم
tolk (de)	motarjem-e šafāhi	مترجم شفاهی
gids (de)	rāhnamā-ye tur	راهنمای تور

kapper (de)	ārāyešgar	آرایشگر
postbode (de)	nāme resān	نامه رسان
verkoper (de)	forušande	فروشنده

tuinman (de)	bāqbān	باغبان
huisbediende (de)	nowkar	نوکر
dienstmeisje (het)	xedmatkār	خدمتکار
schoonmaakster (de)	zan-e nezāfatči	زن نظافتچی

107. Militaire beroepen en rangen

soldaat (rang)	sarbāz	سرباز
sergeant (de)	goruhbān	گروهبان
luitenant (de)	sotvān	ستوان
kapitein (de)	kāpitān	کاپیتان

majoor (de)	sargord	سرگرد
kolonel (de)	sarhang	سرهنگ
generaal (de)	ženerāl	ژنرال
maarschalk (de)	māršāl	مارشال
admiraal (de)	daryāsālār	دریاسالار
militair (de)	nezāmi	نظامی
soldaat (de)	sarbāz	سرباز

| officier (de) | afsar | افسر |
| commandant (de) | farmāndeh | فرمانده |

grenswachter (de)	marzbān	مرزبان
marconist (de)	bisim či	بیسیم چی
verkenner (de)	ettelā'āti	اطلاعاتی
sappeur (de)	mohandes estehkāmāt	مهندس استحکامات
schutter (de)	tirandāz	تیرانداز
stuurman (de)	nāvbar	ناوبر

108. Ambtenaren. Priesters

| koning (de) | šāh | شاه |
| koningin (de) | maleke | ملکه |

| prins (de) | šāhzāde | شاهزاده |
| prinses (de) | pranses | پرنسس |

| tsaar (de) | tezār | تزار |
| tsarina (de) | maleke | ملکه |

president (de)	ra'is jomhur	رئیس جمهور
minister (de)	vazir	وزیر
eerste minister (de)	noxost vazir	نخست وزیر
senator (de)	senātor	سناتور

diplomaat (de)	diplomāt	دیپلمات
consul (de)	konsul	کنسول
ambassadeur (de)	safir	سفیر
adviseur (de)	mošāver	مشاور

ambtenaar (de)	kārmand	کارمند
prefect (de)	baxšdār	بخشدار
burgemeester (de)	šahrdār	شهردار

| rechter (de) | qāzi | قاضی |
| aanklager (de) | dādsetān | دادستان |

missionaris (de)	misiyoner	میسیونر
monnik (de)	rāheb	راهب
abt (de)	rāheb-e bozorg	راهب بزرگ
rabbi, rabbijn (de)	xāxām	خاخام

vizier (de)	vazir	وزیر
sjah (de)	šāh	شاه
sjeik (de)	šeyx	شیخ

109. Agrarische beroepen

imker (de)	zanburdār	زنبوردار
herder (de)	čupān	چوپان
landbouwkundige (de)	motexasses-e kešāvarzi	متخصص کشاورزی

veehouder (de)	dāmparvar	دامپرور
dierenarts (de)	dāmpezešk	دامپزشک
landbouwer (de)	kešāvarz	کشاورز
wijnmaker (de)	šarāb sāz	شراب ساز
zoöloog (de)	jānevar-šenās	جانور شناس
cowboy (de)	gāvčerān	گاوچران

110. Kunst beroepen

acteur (de)	bāzigar	بازیگر
actrice (de)	bāzigar	بازیگر
zanger (de)	xānande	خواننده
zangeres (de)	xānande	خواننده
danser (de)	raqqās	رقاص
danseres (de)	raqqāse	رقاصه
artiest (mann.)	honarpiše	هنرپیشه
artiest (vrouw.)	honarpiše	هنرپیشه
muzikant (de)	muzisiyan	موزیسین
pianist (de)	piyānist	پیانیست
gitarist (de)	gitārist	گیتاریست
orkestdirigent (de)	rahbar-e orkestr	رهبر ارکستر
componist (de)	āhangsāz	آهنگساز
impresario (de)	modir-e operā	مدیر اپرا
filmregisseur (de)	kārgardān	کارگردان
filmproducent (de)	tahiye konande	تهیه کننده
scenarioschrijver (de)	senārist	سناریست
criticus (de)	montaqed	منتقد
schrijver (de)	nevisande	نویسنده
dichter (de)	šā'er	شاعر
beeldhouwer (de)	mojassame sāz	مجسمه ساز
kunstenaar (de)	naqqāš	نقاش
jongleur (de)	tardast	تردست
clown (de)	dalqak	دلقک
acrobaat (de)	ākrobāt	آکروبات
goochelaar (de)	šo'bade bāz	شعبده باز

111. Verschillende beroepen

dokter, arts (de)	pezešk	پزشک
ziekenzuster (de)	parastār	پرستار
psychiater (de)	ravānpezešk	روانپزشک
tandarts (de)	dandān pezešk	دندان پزشک
chirurg (de)	jarrāh	جراح

astronaut (de)	fazānavard	فضانورد
astronoom (de)	setāre-šenās	ستاره شناس
piloot (de)	xalabān	خلبان
chauffeur (de)	rānande	راننده
machinist (de)	rānande	راننده
mecanicien (de)	mekānik	مکانیک
mijnwerker (de)	ma'danči	معدنچی
arbeider (de)	kārgar	کارگر
bankwerker (de)	qofl sāz	قفل ساز
houtbewerker (de)	najjār	نجار
draaier (de)	tarrāš kār	تراش کار
bouwvakker (de)	kārgar-e sāxtemāni	کارگر ساختمانی
lasser (de)	juš kār	جوش کار
professor (de)	porofosor	پروفسور
architect (de)	me'mār	معمار
historicus (de)	movarrex	مورخ
wetenschapper (de)	dānešmand	دانشمند
fysicus (de)	fizikdān	فیزیکدان
scheikundige (de)	šimi dān	شیمی دان
archeoloog (de)	bāstān-šenās	باستان شناس
geoloog (de)	zamin-šenās	زمین شناس
onderzoeker (de)	pažuhešgar	پژوهشگر
babysitter (de)	parastār bače	پرستار بچه
leraar, pedagoog (de)	āmuzgār	آموزگار
redacteur (de)	virāstār	ویراستار
chef-redacteur (de)	sardabir	سردبیر
correspondent (de)	xabarnegār	خبرنگار
typiste (de)	māšin nevis	ماشین نویس
designer (de)	tarāh	طراح
computerexpert (de)	kāršenās kāmpiyuter	کارشناس کامپیوتر
programmeur (de)	barnāme-ye nevis	برنامه نویس
ingenieur (de)	mohandes	مهندس
matroos (de)	malavān	ملوان
zeeman (de)	malavān	ملوان
redder (de)	nejāt-e dahande	نجات دهنده
brandweerman (de)	ātaš nešān	آتش نشان
politieagent (de)	polis	پلیس
nachtwaker (de)	mohāfez	محافظ
detective (de)	kārāgāh	کارآگاه
douanier (de)	ma'mur-e gomrok	مامور گمرک
lijfwacht (de)	mohāfez-e šaxsi	محافظ شخصی
gevangenisbewaker (de)	negahbān zendān	نگهبان زندان
inspecteur (de)	bāzres	بازرس
sportman (de)	varzeškār	ورزشکار
trainer (de)	morabbi	مربی

slager, beenhouwer (de)	qassāb	قصاب
schoenlapper (de)	kaffāš	کفاش
handelaar (de)	bāzargān	بازرگان
lader (de)	bārbar	باربر

kledingstilist (de)	tarrāh-e lebas	طراح لباس
model (het)	model-e zan	مدل زن

112. Beroepen. Sociale status

scholier (de)	dāneš-āmuz	دانش آموز
student (de)	dānešju	دانشجو

filosoof (de)	filsuf	فيلسوف
econoom (de)	eqtesāddān	اقتصاددان
uitvinder (de)	moxtareʿ	مخترع

werkloze (de)	bikār	بیکار
gepensioneerde (de)	bāznešaste	بازنشسته
spion (de)	jāsus	جاسوس

gedetineerde (de)	zendāni	زندانی
staker (de)	eʿtesāb konande	اعتصاب کننده
bureaucraat (de)	maʿmur-e edāri	مأمور اداری
reiziger (de)	mosāfer	مسافر

homoseksueel (de)	hamjens-e bāz	همجنس باز
hacker (computerkraker)	haker	هکر
hippie (de)	hipi	هیپی

bandiet (de)	rāhzan	راهزن
huurmoordenaar (de)	ādamkoš	آدمکش
drugsverslaafde (de)	moʿtād	معتاد
drugshandelaar (de)	forušande-ye mavādd-e moxadder	فروشندهٔ مواد مخدر
prostituee (de)	fāheše	فاحشه
pooier (de)	jākeš	جاکش

tovenaar (de)	jādugar	جادوگر
tovenares (de)	jādugar	جادوگر
piraat (de)	dozd-e daryāyi	دزد دریایی
slaaf (de)	borde	برده
samoerai (de)	sāmurāyi	ساموراﯾﯽ
wilde (de)	vahši	وحشی

Sport

113. Soorten sporten. Sporters

sportman (de)	varzeškār	ورزشکار
soort sport (de/het)	anvā-e varzeš	انواع ورزش
basketbal (het)	basketbāl	بسکتبال
basketbalspeler (de)	basketbālist	بسکتبالیست
baseball (het)	beysbāl	بیسبال
baseballspeler (de)	beysbālist	بیسبالیست
voetbal (het)	futbāl	فوتبال
voetballer (de)	futbālist	فوتبالیست
doelman (de)	darvāze bān	دروازه بان
hockey (het)	hāki	هاکی
hockeyspeler (de)	hāki-ye bāz	هاکی باز
volleybal (het)	vālibāl	والیبال
volleybalspeler (de)	vālibālist	والیبالیست
boksen (het)	boks	بوکس
bokser (de)	boksor	بوکسور
worstelen (het)	kešti	کشتی
worstelaar (de)	košti gir	کشتی گیر
karate (de)	kārāte	کاراته
karateka (de)	kārāte-e bāz	کاراته باز
judo (de)	jodo	جودو
judoka (de)	jodo bāz	جودو باز
tennis (het)	tenis	تنیس
tennisspeler (de)	tenis bāz	تنیس باز
zwemmen (het)	šenā	شنا
zwemmer (de)	šenāgar	شناگر
schermen (het)	šamširbāzi	شمشیربازی
schermer (de)	šamširbāz	شمشیرباز
schaak (het)	šatranj	شطرنج
schaker (de)	šatranj bāz	شطرنج باز
alpinisme (het)	kuhnavardi	کوهنوردی
alpinist (de)	kuhnavard	کوهنورد
hardlopen (het)	do	دو

renner (de)	davande	دونده
atletiek (de)	varzeš	ورزش
atleet (de)	varzeškār	ورزشکار

| paardensport (de) | asb savāri | اسب سواری |
| ruiter (de) | savārkār | سوارکار |

kunstschaatsen (het)	raqs ruy yax	رقص روی یخ
kunstschaatser (de)	eskeyt bāz	اسکیت باز
kunstschaatsster (de)	eskeyt bāz	اسکیت باز

| gewichtheffen (het) | vazne bardār-i | وزنه برداری |
| gewichtheffer (de) | vazne bardār | وزنه بردار |

| autoraces (mv.) | mosābeqe-ye otomobilrāni | مسابقهٔ اتومبیلرانی |
| coureur (de) | otomobilrān | اتومبیلران |

| wielersport (de) | dočarxe savāri | دوچرخه سواری |
| wielrenner (de) | dočarxe savār | دوچرخه سوار |

verspringen (het)	pareš-e tul	پرش طول
polsstokspringen (het)	pareš bā neyze	پرش با نیزه
verspringer (de)	pareš konande	پرش کننده

114. Soorten sporten. Diversen

Amerikaans voetbal (het)	futbāl-e āmrikāyi	فوتبال آمریکایی
badminton (het)	badminton	بدمینتون
biatlon (de)	biatlon	بیاتلون
biljart (het)	bilyārd	بیلیارد

bobsleeën (het)	surtme	سورتمه
bodybuilding (de)	badansāzi	بدنسازی
waterpolo (het)	vāterpolo	واترپولو
handbal (de)	handbāl	هندبال
golf (het)	golf	گلف

roeisport (de)	qāyeq rāni	قایق رانی
duiken (het)	dāyving	دایوینگ
langlaufen (het)	eski-ye sahrānavardi	اسکی صحرانوردی
tafeltennis (het)	ping pong	پینگ پونگ

zeilen (het)	qāyeq-rāni bādbani	قایق رانی بادبانی
rally (de)	rāli	رالی
rugby (het)	rāgbi	راگبی
snowboarden (het)	snowbord	اسنوبورد
boogschieten (het)	tirandāzi bā kamān	تیراندازی با کمان

115. Fitnessruimte

| lange halter (de) | hālter | هالتر |
| halters (mv.) | dambel | دمبل |

training machine (de)	māšin-e tamrin	ماشین تمرین
hometrainer (de)	dočarxe-ye tamrin	دوچرخه تمرین
loopband (de)	pist-e do	پیست دو

rekstok (de)	bārfiks	بارفیکس
brug (de) gelijke leggers	pārālel	پارالل
paardsprong (de)	xarak	خرک
mat (de)	tošak	تشک

springtouw (het)	tanāb	طناب
aerobics (de)	āirobik	ایروبیک
yoga (de)	yugā	یوگا

116. Sporten. Diversen

Olympische Spelen (mv.)	bāzihā-ye olampik	بازی‌های المپیک
winnaar (de)	barande	برنده
overwinnen (ww)	piruz šodan	پیروز شدن
winnen (ww)	piruz šodan	پیروز شدن

| leider (de) | rahbar | رهبر |
| leiden (ww) | lider budan | لیدر بودن |

eerste plaats (de)	rotbe-ye avval	رتبه اول
tweede plaats (de)	rotbe-ye dovvom	رتبه دوم
derde plaats (de)	rotbe-ye sevvom	رتبه سوم

medaille (de)	medāl	مدال
trofee (de)	kāp	کاپ
beker (de)	jām	جام
prijs (de)	jāyeze	جایزه
hoofdprijs (de)	jāyeze-ye asli	جایزهٔ اصلی

| record (het) | rekord | رکورد |
| een record breken | rekord gozāštan | رکورد گذاشتن |

| finale (de) | fināl | فینال |
| finale (bn) | pāyāni | پایانی |

| kampioen (de) | qahremān | قهرمان |
| kampioenschap (het) | mosābeqe-ye qahremāni | مسابقه قهرمانی |

stadion (het)	varzešgāh	ورزشگاه
tribune (de)	teribun	تریبون
fan, supporter (de)	tarafdār	طرفدار
tegenstander (de)	raqib	رقیب

| start (de) | šoru' | شروع |
| finish (de) | entehā | انتها |

nederlaag (de)	šekast	شکست
verliezen (ww)	bāxtan	باختن
rechter (de)	dāvar	داور
jury (de)	hey'at-e dāvarān	هیئت داوران

stand (~ is 3-1)	emtiyāz	امتیاز
gelijkspel (het)	mosāvi	مساوی
in gelijk spel eindigen	bāzi rā mosāvi kardan	بازی رامساوی کردن
punt (het)	emtiyāz	امتیاز
uitslag (de)	natije	نتیجه

| periode (de) | dowre | دوره |
| pauze (de) | hāf tāym | هاف تایم |

doping (de)	doping	دوپینگ
straffen (ww)	jarime kardan	جریمه کردن
diskwalificeren (ww)	rad-e salāhiyat kardan	رد صلاحیت کردن

toestel (het)	asbāb	اسباب
speer (de)	neyze	نیزه
kogel (de)	vazne	وزنه
bal (de)	tup	توپ

doel (het)	hadaf	هدف
schietkaart (de)	nešangah	نشانگاه
schieten (ww)	tirandāzi kardan	تیراندازی کردن
precies (bijv. precieze schot)	dorost	درست

trainer, coach (de)	morabbi	مربی
trainen (ww)	tamrin dādan	تمرین دادن
zich trainen (ww)	tamrin kardan	تمرین کردن
training (de)	tamrin	تمرین

gymnastiekzaal (de)	sālon-e varzeš	سالن ورزش
oefening (de)	tamrin	تمرین
opwarming (de)	garm kardan	گرم کردن

Onderwijs

117. School

school (de)	madrese	مدرسه
schooldirecteur (de)	modir-e madrese	مدير مدرسه
leerling (de)	dāneš-āmuz	دانش آموز
leerlinge (de)	dāneš-āmuz	دانش آموز
scholier (de)	dāneš-āmuz	دانش آموز
scholiere (de)	dāneš-āmuz	دانش آموز
leren (lesgeven)	āmuxtan	آموختن
studeren (bijv. een taal ~)	yād gereftan	ياد گرفتن
van buiten leren	az hefz kardan	از حفظ کردن
leren (bijv. ~ tellen)	yād gereftan	ياد گرفتن
in school zijn	tahsil kardan	تحصیل کردن
(schooljongen zijn)		
naar school gaan	madrese raftan	مدرسه رفتن
alfabet (het)	alefbā	الفبا
vak (schoolvak)	mabhas	مبحث
klaslokaal (het)	kelās	کلاس
les (de)	dars	درس
pauze (de)	zang-e tafrih	زنگ تفریح
bel (de)	zang	زنگ
schooltafel (de)	miz-e tahrir	میز تحریر
schoolbord (het)	taxte-ye siyāh	تخته سیاه
cijfer (het)	nomre	نمره
goed cijfer (het)	nomre-ye xub	نمرهٔ خوب
slecht cijfer (het)	nomre-ye bad	نمرهٔ بد
een cijfer geven	nomre gozāštan	نمره گذاشتن
fout (de)	eštebāh	اشتباه
fouten maken	eštebāh kardan	اشتباه کردن
corrigeren (fouten ~)	eslāh kardan	اصلاح کردن
spiekbriefje (het)	taqallob	تقلب
huiswerk (het)	taklif manzel	تکلیف منزل
oefening (de)	tamrin	تمرین
aanwezig zijn (ww)	hozur dāštan	حضور داشتن
absent zijn (ww)	qāyeb budan	غایب بودن
school verzuimen	az madrese qāyeb budan	ازمدرسه غایب بودن
bestraffen (een stout kind ~)	tanbih kardan	تنبیه کردن
bestraffing (de)	tanbih	تنبیه

gedrag (het)	raftār	رفتار
cijferlijst (de)	gozāreš-e ruzāne	گزارش روزانه
potlood (het)	medād	مداد
gom (de)	pāk kon	پاک کن
krijt (het)	gač	گچ
pennendoos (de)	qalamdān	قلمدان

boekentas (de)	kif madrese	کیف مدرسه
pen (de)	xodkār	خودکار
schrift (de)	daftar	دفتر
leerboek (het)	ketāb-e darsi	کتاب درسی
passer (de)	pargār	پرگار

technisch tekenen (ww)	rasm kardan	رسم کردن
technische tekening (de)	rasm-e fani	رسم فنی

gedicht (het)	še'r	شعر
van buiten (bw)	az hefz	از حفظ
van buiten leren	az hefz kardan	از حفظ کردن

vakantie (de)	ta'tilāt	تعطیلات
met vakantie zijn	dar ta'tilāt budan	در تعطیلات بودن
vakantie doorbrengen	ta'tilāt rā gozarāndan	تعطیلات را گذراندن

toets (schriftelijke ~)	emtehān	امتحان
opstel (het)	enšā'	انشاء
dictee (het)	dikte	دیکته
examen (het)	emtehān	امتحان
examen afleggen	emtehān dādan	امتحان دادن
experiment (het)	āzmāyeš	آزمایش

118. Hogeschool. Universiteit

academie (de)	farhangestān	فرهنگستان
universiteit (de)	dānešgāh	دانشگاه
faculteit (de)	dāneškade	دانشکده

student (de)	dānešju	دانشجو
studente (de)	dānešju	دانشجو
leraar (de)	ostād	استاد

collegezaal (de)	kelās	کلاس
afgestudeerde (de)	fāreqottahsil	فارغ التحصیل

diploma (het)	diplom	دیپلم
dissertatie (de)	pāyān nāme	پایان نامه

onderzoek (het)	tahqiqe elmi	تحقیق علمی
laboratorium (het)	āzmāyešgāh	آزمایشگاه

college (het)	soxanrāni	سخنرانی
medestudent (de)	ha mdowre i	هم دوره ای
studiebeurs (de)	burse tahsili	بورس تحصیلی
academische graad (de)	daraje-ye elmi	درجۀ علمی

119. Wetenschappen. Disciplines

wiskunde (de)	riyāziyāt	ریاضیات
algebra (de)	jabr	جبر
meetkunde (de)	hendese	هندسه

astronomie (de)	setāre-šenāsi	ستاره شناسی
biologie (de)	zist-šenāsi	زیست شناسی
geografie (de)	joqrāfiyā	جغرافیا
geologie (de)	zamin-šenāsi	زمین شناسی
geschiedenis (de)	tārix	تاریخ

geneeskunde (de)	pezeški	پزشکی
pedagogiek (de)	olume tarbiyati	علوم تربیتی
rechten (mv.)	hoquq	حقوق

fysica, natuurkunde (de)	fizik	فیزیک
scheikunde (de)	šimi	شیمی
filosofie (de)	falsafe	فلسفه
psychologie (de)	ravānšenāsi	روانشناسی

120. Schrift. Spelling

grammatica (de)	gerāmer	گرامر
vocabulaire (het)	vājegān	واژگان
fonetiek (de)	sadā-šenāsi	صداشناسی

zelfstandig naamwoord (het)	esm	اسم
bijvoeglijk naamwoord (het)	sefat	صفت
werkwoord (het)	fe'l	فعل
bijwoord (het)	qeyd	قید

voornaamwoord (het)	zamir	ضمیر
tussenwerpsel (het)	harf-e nedā	حرف ندا
voorzetsel (het)	harf-e ezāfe	حرف اضافه

stam (de)	riše-ye kalame	ریشه کلمه
achtervoegsel (het)	pasvand	پسوند
voorvoegsel (het)	pišvand	پیشوند
lettergreep (de)	hejā	هجا
achtervoegsel (het)	pasvand	پسوند

nadruk (de)	fešar-e hejā	فشار هجا
afkappingsteken (het)	āpostrof	آپوستروف

punt (de)	noqte	نقطه
komma (de/het)	virgul	ویرگول
puntkomma (de)	noqte virgul	نقطه ویرگول
dubbelpunt (de)	donoqte	دونقطه
beletselteken (het)	čand noqte	چند نقطه

vraagteken (het)	alāmat-e soāl	علامت سؤال
uitroepteken (het)	alāmat-e taajjob	علامت تعجب

aanhalingstekens (mv.)	giyume	گیومه
tussen aanhalingstekens (bw)	dar giyume	در گیومه
haakjes (mv.)	parāntez	پرانتز
tussen haakjes (bw)	dar parāntez	در پرانتز

streepje (het)	xatt-e vāsel	خط واصل
gedachtestreepje (het)	xatt-e tire	خط تیره
spatie	fāsele	فاصله
(~ tussen twee woorden)		

letter (de)	harf	حرف
hoofdletter (de)	harf-e bozorg	حرف بزرگ

klinker (de)	sedādār	صدادار
medeklinker (de)	sāmet	صامت

zin (de)	jomle	جمله
onderwerp (het)	nahād	نهاد
gezegde (het)	gozāre	گزاره

regel (in een tekst)	satr	سطر
op een nieuwe regel (bw)	sar-e satr	سر سطر
alinea (de)	band	بند

woord (het)	kalame	کلمه
woordgroep (de)	ebārat	عبارت
uitdrukking (de)	bayān	بیان
synoniem (het)	moterādef	مترادف
antoniem (het)	motezād	متضاد

regel (de)	qā'ede	قاعده
uitzondering (de)	estesnā	استثنا
correct (bijv. ~e spelling)	sahih	صحیح

vervoeging, conjugatie (de)	sarf	صرف
verbuiging, declinatie (de)	sarf-e kalemāt	صرف کلمات
naamval (de)	hālat	حالت
vraag (de)	soāl	سؤال
onderstrepen (ww)	xatt kešidan	خط کشیدن
stippellijn (de)	noqte čin	نقطه چین

121. Vreemde talen

taal (de)	zabān	زبان
vreemd (bn)	xāreji	خارجی
vreemde taal (de)	zabān-e xāreji	زبان خارجی
leren (bijv. van buiten ~)	dars xāndan	درس خواندن
studeren (Nederlands ~)	yād gereftan	یاد گرفتن

lezen (ww)	xāndan	خواندن
spreken (ww)	harf zadan	حرف زدن
begrijpen (ww)	fahmidan	فهمیدن
schrijven (ww)	neveštan	نوشتن
snel (bw)	sari'	سریع

| langzaam (bw) | āheste | آهسته |
| vloeiend (bw) | ravān | روان |

regels (mv.)	qavā'ed	قواعد
grammatica (de)	gerāmer	گرامر
vocabulaire (het)	vājegān	واژگان
fonetiek (de)	āvā-šenāsi	آواشناسی

leerboek (het)	ketāb-e darsi	کتاب درسی
woordenboek (het)	farhang-e loqat	فرهنگ لغت
leerboek (het) voor zelfstudie	xod-āmuz	خودآموز
taalgids (de)	ketāb-e mokāleme	کتاب مکالمه

cassette (de)	kāst	کاست
videocassette (de)	kāst-e video	کاست ویدئو
CD (de)	si-di	سیدی
DVD (de)	dey vey dey	دی وی دی

alfabet (het)	alefbā	الفبا
spellen (ww)	heji kardan	هجی کردن
uitspraak (de)	talaffoz	تلفظ

accent (het)	lahje	لهجه
met een accent (bw)	bā lahje	با لهجه
zonder accent (bw)	bi lahje	بی لهجه

| woord (het) | kalame | کلمه |
| betekenis (de) | ma'ni | معنی |

cursus (de)	dowre	دوره
zich inschrijven (ww)	nām-nevisi kardan	نام نویسی کردن
leraar (de)	ostād	استاد

vertaling (een ~ maken)	tarjome	ترجمه
vertaling (tekst)	tarjome	ترجمه
vertaler (de)	motarjem	مترجم
tolk (de)	motarjem-e šafāhi	مترجم شفاهی

| polyglot (de) | čand zabāni | چند زبانی |
| geheugen (het) | hāfeze | حافظه |

122. Sprookjesfiguren

Sinterklaas (de)	bābā noel	بابا نوئل
Assepoester (de)	sinderelā	سیندرلا
zeemeermin (de)	pari-ye daryāyi	پری دریایی
Neptunus (de)	nepton	نپتون

magiër, tovenaar (de)	sāher	ساحر
goede heks (de)	sāher	ساحر
magisch (bn)	jāduyi	جادویی
toverstokje (het)	asā-ye sehrāmiz	عصای سحرآمیز
sprookje (het)	afsāne	افسانه
wonder (het)	mo'jeze	معجزه

| dwerg (de) | kutule | کوتوله |
| veranderen in ...
(anders worden) | tabdil šodan | تبدیل شدن |

geest (de)	šabah	شبح
spook (het)	šabah	شبح
monster (het)	qul	غول
draak (de)	eždehā	اژدها
reus (de)	qul	غول

123. Dierenriem

Ram (de)	borj-e haml	برج حمل
Stier (de)	borj-e sowr	برج ثور
Tweelingen (mv.)	borj-e jowzā	برج جوزا
Kreeft (de)	saratān	سرطان
Leeuw (de)	šir	شیر
Maagd (de)	borj-e sonbole	برج سنبله

Weegschaal (de)	borj-e mizān	برج میزان
Schorpioen (de)	borj-e aqrab	برج عقرب
Boogschutter (de)	borj-e qows	برج قوس
Steenbok (de)	borj-e jeddi	برج جدی
Waterman (de)	borj-e dalow	برج دلو
Vissen (mv.)	borj-e hut	برج حوت

karakter (het)	šaxsiyat	شخصیت
karaktertrekken (mv.)	xosusiyāt-e axlāqi	خصوصیات اخلاقی
gedrag (het)	raftār	رفتار
waarzeggen (ww)	fāl gereftan	فال گرفتن
waarzegster (de)	fālgir	فالگیر
horoscoop (de)	tāle' bini	طالع بینی

Kunst

124. Theater

theater (het)	teātr	تئاتر
opera (de)	operā	اپرا
operette (de)	operā-ye kučak	اپرای کوچک
ballet (het)	bāle	باله
affiche (de/het)	e'lān-e namāyeš	اعلان نمایش
theatergezelschap (het)	hey'at honarpišegān	هیئت هنرپیشگان
tournee (de)	safar	سفر
op tournee zijn	dar tur budan	در تور بودن
repeteren (ww)	tamrin kardan	تمرین کردن
repetitie (de)	tamrin	تمرین
repertoire (het)	roperator	رپراتور
voorstelling (de)	namāyeš	نمایش
spektakel (het)	namāyeš	نمایش
toneelstuk (het)	namāyeš nāme	نمایش نامه
biljet (het)	belit	بلیط
kassa (de)	belit-foruši	بلیت فروشی
foyer (de)	lābi	لابی
garderobe (de)	komod-e lebās	کمد لباس
garderobe nummer (het)	žeton	ژتون
verrekijker (de)	durbin	دوربین
plaatsaanwijzer (de)	rāhnamā	راهنما
parterre (de)	sandali-ye orkestr	صندلی ارکستر
balkon (het)	bālkon	بالکن
gouden rang (de)	bālkon-e avval	بالکن اول
loge (de)	jāygāh-e vižhe	جایگاه ویژه
rij (de)	radif	ردیف
plaats (de)	jā	جا
publiek (het)	hozzār	حضار
kijker (de)	tamāšāči	تماشاچی
klappen (ww)	kaf zadan	کف زدن
applaus (het)	tašviq	تشویق
ovatie (de)	šādi-va sorur	شادی و سرور
toneel (op het ~ staan)	sahne	صحنه
gordijn, doek (het)	parde	پرده
toneeldecor (het)	sahne	صحنه
backstage (de)	pošt-e sahne	پشت صحنه
scène (de)	sahne	صحنه
bedrijf (het)	parde	پرده
pauze (de)	ānterālit	آنتراکت

125. Bioscoop

acteur (de)	bāzigar	بازیگر
actrice (de)	bāzigar	بازیگر
bioscoop (de)	sinamā	سینما
speelfilm (de)	film	فیلم
aflevering (de)	qesmat	قسمت
detectivefilm (de)	film-e polisi	فیلم پلیسی
actiefilm (de)	film-e akšen	فیلم اکشن
avonturenfilm (de)	film-e mājarāyi	فیلم ماجرایی
sciencefictionfilm (de)	film-e elmi-ye taxayyoli	فیلم علمی تخیلی
griezelfilm (de)	film-e tarsnāk	فیلم ترسناک
komedie (de)	komedi	کمدی
melodrama (het)	meloderām	ملودرام
drama (het)	derām	درام
speelfilm (de)	film-e honari	فیلم هنری
documentaire (de)	film-e mostanad	فیلم مستند
tekenfilm (de)	kārton	کارتون
stomme film (de)	film-e sāmet	فیلم صامت
rol (de)	naqš	نقش
hoofdrol (de)	naqš-e asli	نقش اصلی
spelen (ww)	bāzi kardan	بازی کردن
filmster (de)	setāre-ye sinamā	ستارهٔ سینما
bekend (bn)	mašhur	مشهور
beroemd (bn)	mašhur	مشهور
populair (bn)	saršenās	سرشناس
scenario (het)	senāriyo	سناریو
scenarioschrijver (de)	senārist	سناریست
regisseur (de)	kārgardān	کارگردان
filmproducent (de)	tahiye konande	تهیه کننده
assistent (de)	dastyār	دستیار
cameraman (de)	filmbardār	فیلمبردار
stuntman (de)	badalkār	بدلکار
stuntdubbel (de)	dublur	دوبلور
een film maken	film gereftan	فیلم گرفتن
auditie (de)	test	تست
opnamen (mv.)	film bardār-i	فیلم برداری
filmploeg (de)	goruh film bar dār-i	گروه فیلم برداری
filmset (de)	mahal film bar dār-i	محل فیلم برداری
filmcamera (de)	durbin	دوربین
bioscoop (de)	sinamā	سینما
scherm (het)	parde	پرده
een film vertonen	film-e nešān dādan	فیلم نشان دادن
geluidsspoor (de)	musiqi-ye matn	موسیقی متن
speciale effecten (mv.)	jelvehā-ye vižhe	جلوه های ویژه

ondertiteling (de)	zirnevis	زیرنویس
voortiteling, aftiteling (de)	titrāj	تیتراژ
vertaling (de)	tarjome	ترجمه

126. Schilderij

kunst (de)	honar	هنر
schone kunsten (mv.)	honarhā-ye zibā	هنرهای زیبا
kunstgalerie (de)	gāleri-ye honari	گالری هنری
kunsttentoonstelling (de)	namāyešgāh-e honari	نمایشگاه هنری

schilderkunst (de)	naqqāši	نقاشی
grafiek (de)	honar-e gerāfik	هنر گرافیک
abstracte kunst (de)	honar-e ābestre	هنر آبستره
impressionisme (het)	ampersiyonism	امپرسیونیسم

schilderij (het)	tasvir	تصویر
tekening (de)	naqqāši	نقاشی
poster (de)	poster	پوستر

illustratie (de)	tasvir	تصویر
miniatuur (de)	minyātor	مینیاتور
kopie (de)	nosxe	نسخه
reproductie (de)	taksir	تکثیر

mozaïek (het)	muzāik	موزائیک
gebrandschilderd glas (het)	naqqāši ruy šiše	نقاشی روی شیشه
fresco (het)	naqqāši ruy gač	نقاشی روی گچ
gravure (de)	gerāvur	گراور

buste (de)	mojassame-ye nimtane	مجسمهٔ نیم تنه
beeldhouwwerk (het)	mojassame sāz-i	مجسمه سازی
beeld (bronzen ~)	mojassame	مجسمه
gips (het)	gač	گچ
gipsen (bn)	gači	گچی

portret (het)	temsāl	تمثال
zelfportret (het)	tasvir-e naqqāš	تصویر نقاش
landschap (het)	manzare	منظره
stilleven (het)	tabi'at-e bijān	طبیعت بیجان
karikatuur (de)	kārikātor	کاریکاتور
schets (de)	tarh-e moqaddamāti	طرح مقدماتی

verf (de)	rang	رنگ
aquarel (de)	āb-o rang	آب ورنگ
olieverf (de)	rowqan	روغن
potlood (het)	medād	مداد
Oostindische inkt (de)	morakkab	مرکب
houtskool (de)	zoqāl	زغال

tekenen (met krijt)	naqqāši kardan	نقاشی کردن
schilderen (ww)	naqqāši kardan	نقاشی کردن
poseren (ww)	žest gereftan	ژست گرفتن
naaktmodel (man)	model-e naqqāši	مدل نقاشی

naaktmodel (vrouw)	model-e naqqāši	مدل نقاشی
kunstenaar (de)	naqqāš	نقاش
kunstwerk (het)	asar-e honari	اثر هنری
meesterwerk (het)	šāhkār	شاهکار
studio, werkruimte (de)	kārgāh	کارگاه

schildersdoek (het)	bum-e naqāši	بوم نقاشی
schildersezel (de)	sepāye-ye naqqāši	سه پایۀ نقاشی
palet (het)	taxte-ye rang	تختۀ رنگ

lijst (een vergulde ~)	qāb	قاب
restauratie (de)	maremmat	مرمت
restaureren (ww)	marammat kardan	مرمت کردن

127. Literatuur & Poëzie

literatuur (de)	adabiyāt	ادبیات
auteur (de)	moallef	مؤلف
pseudoniem (het)	taxallos	تخلص

boek (het)	ketāb	کتاب
boekdeel (het)	jeld	جلد
inhoudsopgave (de)	fehrest	فهرست
pagina (de)	safhe	صفحه
hoofdpersoon (de)	qahremān-e asli	قهرمان اصلی
handtekening (de)	dast-e xat	دست خط

verhaal (het)	hekāyat	حکایت
novelle (de)	dāstān	داستان
roman (de)	ramān	رمان
werk (literatuur)	ta'lif	تألیف
fabel (de)	afsāne	افسانه
detectiveroman (de)	dastane jenai	داستان جنایی

gedicht (het)	še'r	شعر
poëzie (de)	še'r	شعر
epos (het)	še'r	شعر
dichter (de)	šā'er	شاعر

fictie (de)	dāstān	داستان
sciencefiction (de)	elmi-ye taxayyoli	علمی تخیلی
avonturenroman (de)	sargozašt	سرگذشت
opvoedkundige literatuur (de)	adabiyāt-e āmuzeši	ادبیات آموزشی
kinderliteratuur (de)	adabiyāt-e kudak	ادبیات کودک

128. Circus

circus (de/het)	sirak	سیرک
chapiteau circus (de/het)	sirak-e sayār	سیرک سیار
programma (het)	barnāme	برنامه
voorstelling (de)	namāyeš	نمایش
nummer (circus ~)	parde	پرده

arena (de)	sahne-ye sirak	صحنه سیرک
pantomime (de)	pāntomim	پانتومیم
clown (de)	dalqak	دلقک

acrobaat (de)	ākrobāt	آکروبات
acrobatiek (de)	band-e bāzi	بند بازی
gymnast (de)	žimināstik kār	ژیمناستیک کار
gymnastiek (de)	žimināstik	ژیمناستیک
salto (de)	salto	سالتو

sterke man (de)	qavi heykal	قوی هیکل
temmer (de)	rām konande	رام کننده
ruiter (de)	savārkār	سوارکار
assistent (de)	dastyār	دستیار

stunt (de)	širin kāri	شیرین کاری
goocheltruc (de)	šoʻbade bāzi	شعبده بازی
goochelaar (de)	šoʻbade bāz	شعبده باز

jongleur (de)	tardast	تردست
jongleren (ww)	tardasti kardan	تردستی کردن
dierentrainer (de)	morabbi-ye heyvānāt	مربی حیوانات
dressuur (de)	taʻlim heyvānāt	تعلیم حیوانات
dresseren (ww)	tarbiyat kardan	تربیت کردن

129. Muziek. Popmuziek

muziek (de)	musiqi	موسیقی
muzikant (de)	muzisiyan	موزیسین
muziekinstrument (het)	abzār-e musiqi	ابزار موسیقی
spelen (bijv. gitaar ~)	navāxtan	نواختن

gitaar (de)	gitār	گیتار
viool (de)	viyolon	ویولون
cello (de)	viyolonsel	ویولون سل
contrabas (de)	konterbās	کونتریاس
harp (de)	čang	چنگ

piano (de)	piyāno	پیانو
vleugel (de)	piyāno-e bozorg	پیانوی بزرگ
orgel (het)	arg	ارگ

blaasinstrumenten (mv.)	sāzhā-ye bādi	سازهای بادی
hobo (de)	abva	ابوا
saxofoon (de)	saksofon	ساکسوفون
klarinet (de)	qare ney	قره نی
fluit (de)	folut	فلوت
trompet (de)	šeypur	شیپور

accordeon (de/het)	ākordeon	آکوردئون
trommel (de)	tabl	طبل

duet (het)	daste-ye do nafare	دسته دو نفره
trio (het)	daste-ye se nafar-i	دستۀ سه نفری

kwartet (het)	daste-ye čāhārnafari	دستهٔ چهارنفری
koor (het)	kar	کر
orkest (het)	orkesr	ارکستر
popmuziek (de)	musiqi-ye pāp	موسیقی پاپ
rockmuziek (de)	musiqi-ye rāk	موسیقی راک
rockgroep (de)	goruh-e rāk	گروه راک
jazz (de)	jāz	جاز
idool (het)	mahbub	محبوب
bewonderaar (de)	havādār	هوادار
concert (het)	konsert	کنسرت
symfonie (de)	samfoni	سمفونی
compositie (de)	tasnif	تصنیف
componeren (muziek ~)	tasnif kardan	تصنیف کردن
zang (de)	āvāz	آواز
lied (het)	tarāne	ترانه
melodie (de)	āhang	آهنگ
ritme (het)	ritm	ریتم
blues (de)	musiqi-ye boluz	موسیقی بلوز
bladmuziek (de)	daftar-e not	دفتر نت
dirigeerstok (baton)	čub-e rahbari	چوب رهبری
strijkstok (de)	ārše	آرشه
snaar (de)	sim	سیم
koffer (de)	qalāf	غلاف

Rusten. Entertainment. Reizen

130. Trip. Reizen

toerisme (het)	gardešgari	گردشگری
toerist (de)	turist	توریست
reis (de)	mosāferat	مسافرت
avontuur (het)	mājarā	ماجرا
tocht (de)	safar	سفر
vakantie (de)	moraxxasi	مرخصی
met vakantie zijn	dar moraxassi budan	در مرخصی بودن
rust (de)	esterāhat	استراحت
trein (de)	qatār	قطار
met de trein	bā qatār	با قطار
vliegtuig (het)	havāpeymā	هواپیما
met het vliegtuig	bā havāpeymā	با هواپیما
met de auto	bā otomobil	با اتومبیل
per schip (bw)	dar kešti	با کشتی
bagage (de)	bār	بار
valies (de)	čamedān	چمدان
bagagekarretje (het)	čarx-e hamle bar	چرخ حمل بار
paspoort (het)	gozarnāme	گذرنامه
visum (het)	ravādid	روادید
kaartje (het)	belit	بلیط
vliegticket (het)	belit-e havāpeymā	بلیط هواپیما
reisgids (de)	ketāb-e rāhnamā	کتاب راهنما
kaart (de)	naqše	نقشه
gebied (landelijk ~)	mahal	محل
plaats (de)	jā	جا
exotische bestemming (de)	qarāyeb	غرایب
exotisch (bn)	qarib	غریب
verwonderlijk (bn)	heyrat angiz	حیرت انگیز
groep (de)	goruh	گروه
rondleiding (de)	gardeš	گردش
gids (de)	rāhnamā-ye tur	راهنمای تور

131. Hotel

hotel (het)	hotel	هتل
motel (het)	motel	متل
3-sterren	se setāre	سه ستاره

5-sterren	panj setāre	پنج ستاره
overnachten (ww)	māndan	ماندن

kamer (de)	otāq	اتاق
eenpersoonskamer (de)	otāq-e yeknafare	اتاق یک نفره
tweepersoonskamer (de)	otāq-e do nafare	اتاق دو نفره
een kamer reserveren	otāq rezerv kardan	اتاق رزرو کردن

halfpension (het)	nim pānsiyon	نیم پانسیون
volpension (het)	pānsiyon	پانسیون

met badkamer	bā vān	با وان
met douche	bā duš	با دوش
satelliet-tv (de)	televiziyon-e māhvārei	تلویزیون ماهواره ای
airconditioner (de)	tahviye-ye matbu'	تهویه مطبوع
handdoek (de)	howle	حوله
sleutel (de)	kelid	کلید

administrateur (de)	edāre-ye konande	اداره کننده
kamermeisje (het)	mostaxdem	مستخدم
piccolo (de)	bārbar	باربر
portier (de)	darbān	دربان

restaurant (het)	resturān	رستوران
bar (de)	bār	بار
ontbijt (het)	sobhāne	صبحانه
avondeten (het)	šām	شام
buffet (het)	bufe	بوفه

hal (de)	lābi	لابی
lift (de)	āsānsor	آسانسور

NIET STOREN	mozāhem našavid	مزاحم نشوید
VERBODEN TE ROKEN!	sigār kešidan mamnu'	سیگار کشیدن ممنوع

132. Boeken. Lezen

boek (het)	ketāb	کتاب
auteur (de)	moallef	مؤلف
schrijver (de)	nevisande	نویسنده
schrijven (een boek)	neveštan	نوشتن

lezer (de)	xānande	خواننده
lezen (ww)	xāndan	خواندن
lezen (het)	motāle'e	مطالعه

stil (~ lezen)	be ārāmi	به آرامی
hardop (~ lezen)	boland	بلند

uitgeven (boek ~)	montašer kardan	منتشر کردن
uitgeven (het)	entešār	انتشار
uitgever (de)	nāšer	ناشر
uitgeverij (de)	entešārāt	انتشارات
verschijnen (bijv. boek)	montašer šodan	منتشر شدن

verschijnen (het)	našr	نشر
oplage (de)	tirāž	تیراژ
boekhandel (de)	ketāb-foruši	کتاب فروشی
bibliotheek (de)	ketābxāne	کتابخانه
novelle (de)	dāstān	داستان
verhaal (het)	hekāyat	حکایت
roman (de)	ramān	رمان
detectiveroman (de)	dastane jenai	داستان جنایی
memoires (mv.)	xāterāt	خاطرات
legende (de)	afsāne	افسانه
mythe (de)	osture	اسطوره
gedichten (mv.)	še'r	شعر
autobiografie (de)	zendegināme	زندگینامه
bloemlezing (de)	āsār-e montaxab	آثار منتخب
sciencefiction (de)	elmi-ye taxayyoli	علمی تخیلی
naam (de)	onvān	عنوان
inleiding (de)	moqaddame	مقدمه
voorblad (het)	safhe-ye onvān	صفحه عنوان
hoofdstuk (het)	fasl	فصل
fragment (het)	gozide	گزیده
episode (de)	qesmat	قسمت
intrige (de)	suže	سوژه
inhoud (de)	mazmun	مضمون
inhoudsopgave (de)	fehrest	فهرست
hoofdpersonage (het)	qahremān-e asli	قهرمان اصلی
boekdeel (het)	jeld	جلد
omslag (de/het)	jeld	جلد
boekband (de)	sahhāfi	صحافی
bladwijzer (de)	čub-e alef	چوب الف
pagina (de)	safhe	صفحه
bladeren (ww)	varaq zadan	ورق زدن
marges (mv.)	hāšiye	حاشیه
annotatie (de)	hāšiye nevisi	حاشیه نویسی
opmerking (de)	pāvaraqi	پاورقی
tekst (de)	matn	متن
lettertype (het)	font	فونت
drukfout (de)	qalat čāpi	غلط چاپی
vertaling (de)	tarjome	ترجمه
vertalen (ww)	tarjome kardan	ترجمه کردن
origineel (het)	nosxe-ye asli	نسخهٔ اصلی
beroemd (bn)	mašhur	مشهور
onbekend (bn)	nāšenāxte	ناشناخته
interessant (bn)	jāleb	جالب
bestseller (de)	por foruš	پر فروش

woordenboek (het)	farhang-e loqat	فرهنگ لغت
leerboek (het)	ketāb-e darsi	کتاب درسی
encyclopedie (de)	dāyeratolma'āref	دایره المعارف

133. Jacht. Vissen

jacht (de)	šekār	شکار
jagen (ww)	šekār kardan	شکار کردن
jager (de)	šekārči	شکارچی

schieten (ww)	tirandāzi kardan	تیراندازی کردن
geweer (het)	tofang	تفنگ
patroon (de)	fešang	فشنگ
hagel (de)	sāčme	ساچمه

val (de)	tale	تله
valstrik (de)	dām	دام
in de val trappen	dar tale oftādan	در تله افتادن
een val zetten	tale gozāštan	تله گذاشتن

stroper (de)	šekārči-ye qeyr-e qānuni	شکارچی غیر قانونی
wild (het)	šekār	شکار
jachthond (de)	sag-e šekāri	سگ شکاری
safari (de)	safar-e ektešāfi āfriqā	سفر اکتشافی آفریقا
opgezet dier (het)	heyvān-e model	حیوان مدل

visser (de)	māhigir	ماهیگیر
visvangst (de)	māhigiri	ماهیگیری
vissen (ww)	māhi gereftan	ماهی گرفتن

hengel (de)	čub māhi gir-i	چوب ماهی گیری
vislijn (de)	nax-e māhigiri	نخ ماهیگیری
haak (de)	qollāb	قلاب

dobber (de)	šenāvar	شناور
aas (het)	to'me	طعمه

de hengel uitwerpen	qollāb andāxtan	قلاب انداختن
bijten (ov. de vissen)	gāz gereftan	گاز گرفتن

vangst (de)	seyd	صید
wak (het)	surāx dar yax	سوراخ در یخ

net (het)	tur	تور
boot (de)	qāyeq	قایق

vissen met netten	bā tur-e māhi gereftan	با تورماهی گرفتن
het net uitwerpen	tur andāxtan	تور انداختن
het net binnenhalen	tur rā birun āvardan	تور را بیرون آوردن
in het net vallen	be tur oftādan	به تور افتادن

walvisvangst (de)	seyād-e nahang	صیاد نهنگ
walvisvaarder (de)	kešti-ye seyd-e nahang	کشتی صید نهنگ
harpoen (de)	neyze	نیزه

134. Spellen. Biljart

biljart (het)	bilyārd	بیلیارد
biljartzaal (de)	otāq-e bilyārd	اتاق بیلیارد
biljartbal (de)	tup	توپ
een bal in het gat jagen	tup vāred-e pākat kardan	توپ وارد پاکت کردن
keu (de)	čub-e bilyārd	چوب بیلیارد
gat (het)	pākat	پاکت

135. Spellen. Speelkaarten

ruiten (mv.)	xešt	خشت
schoppen (mv.)	peyk	پیک
klaveren (mv.)	del	دل
harten (mv.)	xāj	خاج
aas (de)	tak xāl	تک خال
koning (de)	šāh	شاه
dame (de)	bi bi	بی بی
boer (de)	sarbāz	سرباز
speelkaart (de)	varaq	ورق
kaarten (mv.)	varaq	ورق
troef (de)	xāl-e hokm	خال حکم
pak (het) kaarten	daste-ye varaq	دستۀ ورق
punt (bijv. vijftig ~en)	xāl	خال
uitdelen (kaarten ~)	varaq dādan	ورق دادن
schudden (de kaarten ~)	bar zadan	بر زدن
beurt (de)	harekat	حرکت
valsspeler (de)	moteqalleb	متقلب

136. Rusten. Spellen. Diversen

wandelen (on.ww.)	gardeš kardan	گردش کردن
wandeling (de)	gardeš	گردش
trip (per auto)	siyāhat	سیاحت
avontuur (het)	mājarā	ماجرا
picknick (de)	pik nik	پیک نیک
spel (het)	bāzi	بازی
speler (de)	bāzikon	بازیکن
partij (de)	dor-e bazi	دوربازی
collectioneur (de)	kolleksiyoner	کلکسیونر
collectioneren (ww)	jam'-e āvari kardan	جمع آوری کردن
collectie (de)	koleksiyon	کلکسیون
kruiswoordraadsel (het)	kalamāt-e moteqāte'	کلمات متقاطع
hippodroom (de)	meydān-e asb-e davāni	میدان اسب دوانی

discotheek (de)	disko	دیسکو
sauna (de)	sonä	سونا
loterij (de)	baxt-e āzmāyi	بخت آزمایی

trektocht (kampeertocht)	rāh peymāyi	راه پیمایی
kamp (het)	ordugāh	اردوگاه
tent (de)	čādor	چادر
kompas (het)	qotb namā	قطب نما
rugzaktoerist (de)	kamp nešin	کمپ نشین

bekijken (een film ~)	tamāšā kardan	تماشا کردن
kijker (televisie~)	tamāšāči	تماشاچی
televisie-uitzending (de)	barnāme-ye televiziyoni	برنامه تلویزیونی

137. Fotografie

| fotocamera (de) | durbin-e akkāsi | دوربین عکاسی |
| foto (de) | aks | عکس |

fotograaf (de)	akkās	عکاس
fotostudio (de)	ātolye-ye akkāsi	آتلیهٔ عکاسی
fotoalbum (het)	ālbom-e aks	آلبوم عکس

lens (de), objectief (het)	lenz-e durbin	لنز دوربین
telelens (de)	lenz-e tale-ye foto	لنز تله فوتو
filter (de/het)	filter	فیلتر
lens (de)	lenz	لنز

optiek (de)	optik	اپتیک
diafragma (het)	diyāfrāgm	دیافراگم
belichtingstijd (de)	sor'at-e bāz šodan-e lenz	سرعت بازشدن لنز
zoeker (de)	namā yāb	نما یاب

digitale camera (de)	durbin-e dijitāl	دوربین دیجیتال
statief (het)	se pāye	سه پایه
flits (de)	feleš	فلش

fotograferen (ww)	akkāsi kardan	عکاسی کردن
foto's maken	aks gereftan	عکس گرفتن
zich laten fotograferen	aks gereftan	عکس گرفتن

focus (de)	noqte-ye kānuni	نقطه کانونی
scherpstellen (ww)	motemarkez kardan	متمرکز کردن
scherp (bn)	vāzeh	واضح
scherpte (de)	vozuh	وضوح

| contrast (het) | konterāst | کنتراست |
| contrastrijk (bn) | konterāst | کنتراست |

kiekje (het)	aks	عکس
negatief (het)	film-e negātiv	فیلم نگاتیو
filmpje (het)	film	فیلم
beeld (frame)	čārcub	چارچوب
afdrukken (foto's ~)	čāp kardan	چاپ کردن

138. Strand. Zwemmen

strand (het)	pelāž	پلاژ
zand (het)	šen	شن
leeg (~ strand)	xāli	خالی

bruine kleur (de)	hammām-e āftāb	حمام آفتاب
zonnebaden (ww)	hammām-e āftāb gereftan	حمام آفتاب گرفتن
gebruind (bn)	boronze	برنزه
zonnecrème (de)	kerem-e zedd-e āftāb	کرم ضد آفتاب

bikini (de)	māyo-ye do tekke	مایوی دو تکه
badpak (het)	māyo	مایو
zwembroek (de)	māyo	مایو

zwembad (het)	estaxr	استخر
zwemmen (ww)	šenā kardan	شنا کردن
douche (de)	duš	دوش
zich omkleden (ww)	lebās avaz kardan	لباس عوض کردن
handdoek (de)	howle	حوله

boot (de)	qāyeq	قایق
motorboot (de)	qāyeq-e motori	قایق موتوری
waterski's (mv.)	eski-ye ruy-ye āb	اسکی روی آب
waterfiets (de)	qāyeq-e pedāli	قایق پدالی
surfen (het)	mowj savāri	موج سواری
surfer (de)	mowj savār	موج سوار

scuba, aqualong (de)	eskowba	اسکوبا
zwemvliezen (mv.)	bālehā-ye qavvāsi	باله های غواصی
duikmasker (het)	māsk	ماسک
duiker (de)	qavvās	غواص
duiken (ww)	širje raftan	شیرجه رفتن
onder water (bw)	zir-e ābi	زیر آبی

parasol (de)	čatr	چتر
ligstoel (de)	sandali-ye rāhati	صندلی راحتی
zonnebril (de)	eynak āftābi	عینک آفتابی
luchtmatras (de/het)	tošak-e ābi	تشک آبی

spelen (ww)	bāzi kardan	بازی کردن
gaan zwemmen (ww)	ābtani kardan	آبتنی کردن

bal (de)	tup	توپ
opblazen (oppompen)	bād kardan	باد کردن
lucht-, opblaasbare (bn)	bādi	بادی

golf (hoge ~)	mowj	موج
boei (de)	šenāvar	شناور
verdrinken (ww)	qarq šodan	غرق شدن

redden (ww)	najāt dādan	نجات دادن
reddingsvest (de)	jeliqe-ye nejāt	جلیقة نجات
waarnemen (ww)	mošāhede kardan	مشاهده کردن
redder (de)	nejāt-e dahande	نجات دهنده

TECHNISCHE APPARATUUR. VERVOER

Technische apparatuur

139. Computer

computer (de)	kãmpiyuter	کامپیوتر
laptop (de)	lap tãp	لپ تاپ
aanzetten (ww)	rowšan kardan	روشن کردن
uitzetten (ww)	xãmuš kardan	خاموش کردن
toetsenbord (het)	sahfe kelid	صحفه کلید
toets (enter~)	kelid	کلید
muis (de)	mãows	ماوس
muismat (de)	mãows pad	ماوس پد
knopje (het)	dokme	دکمه
cursor (de)	makãn namã	مکان نما
monitor (de)	monitor	مونیتور
scherm (het)	safhe	صفحه
harde schijf (de)	hãrd disk	هارد دیسک
volume (het)	hajm-e hard	حجم هارد
van de harde schijf		
geheugen (het)	hãfeze	حافظه
RAM-geheugen (het)	hãfeze-ye ram	حافظه رم
bestand (het)	parvande	پرونده
folder (de)	puše	پوشه
openen (ww)	bãz kardan	باز کردن
sluiten (ww)	bastan	بستن
opslaan (ww)	zaxire kardan	ذخیره کردن
verwijderen (wissen)	hazf kardan	حذف کردن
kopiëren (ww)	kopi kardan	کپی کردن
sorteren (ww)	tabaqe bandi kardan	طبقه بندی کردن
overplaatsen (ww)	kopi kardan	کپی کردن
programma (het)	barnãme	برنامه
software (de)	narm afzãr	نرم افزار
programmeur (de)	barnãme-ye nevis	برنامه نویس
programmeren (ww)	barnãme-nevisi kardan	برنامه نویسی کردن
hacker (computerkraker)	haker	هکر
wachtwoord (het)	kalame-ye obur	کلمه عبور
virus (het)	virus	ویروس
ontdekken (virus ~)	peydã kardan	پیدا کردن

| byte (de) | bāyt | بایت |
| megabyte (de) | megābāyt | مگابایت |

| data (de) | dāde-hā | داده ها |
| databank (de) | pāygāh dāde-hā | پایگاه داده ها |

kabel (USB-~, enz.)	kābl	کابل
afsluiten (ww)	jodā kardan	جدا کردن
aansluiten op (ww)	vasl kardan	وصل کردن

140. Internet. E-mail

internet (het)	internet	اینترنت
browser (de)	morurgar	مرورگر
zoekmachine (de)	motor-e jostoju	موتور جستجو
internetprovider (de)	erāe-ye dehande	ارائه دهنده

webmaster (de)	tarrāh-e vebsāyt	طراح وب سایت
website (de)	veb-sāyt	وب سایت
webpagina (de)	safhe-ye veb	صفحه وب

| adres (het) | nešāni | نشانی |
| adresboek (het) | daftarče-ye nešāni | دفترچه نشانی |

postvak (het)	sanduq-e post	صندوق پست
post (de)	post	پست
vol (~ postvak)	por	پر

bericht (het)	payām	پیام
binnenkomende berichten (mv.)	payāmhā-ye vorudi	پیامهای ورودی
uitgaande berichten (mv.)	payāmhā-ye xoruji	پیامهای خروجی

verzender (de)	ferestande	فرستنده
verzenden (ww)	ferestādan	فرستادن
verzending (de)	ersāl	ارسال

| ontvanger (de) | girande | گیرنده |
| ontvangen (ww) | gereftan | گرفتن |

| correspondentie (de) | mokātebe | مکاتبه |
| corresponderen (met ...) | mokātebe kardan | مکاتبه کردن |

bestand (het)	parvande	پرونده
downloaden (ww)	dānlod kardan	دانلود کردن
creëren (ww)	ijād kardan	ایجاد کردن
verwijderen (een bestand ~)	hazf kardan	حذف کردن
verwijderd (bn)	hazf šode	حذف شده

verbinding (de)	ertebāt	ارتباط
snelheid (de)	sor'at	سرعت
modem (de)	modem	مودم
toegang (de)	dastyābi	دستیابی
poort (de)	dargāh	درگاه

aansluiting (de)	ertebāt	ارتباط
zich aansluiten (ww)	vasl šodan	وصل شدن
selecteren (ww)	entexāb kardan	انتخاب کردن
zoeken (ww)	jostoju kardan	جستجو کردن

Vervoer

141. Vliegtuig

vliegtuig (het)	havāpeymā	هواپیما
vliegticket (het)	belit-e havāpeymā	بلیط هواپیما
luchtvaartmaatschappij (de)	šerkat-e havāpeymāyi	شرکت هواپیمایی
luchthaven (de)	forudgāh	فرودگاه
supersonisch (bn)	māvarā sowt	ماوراء صوت
gezagvoerder (de)	kāpitān	کاپیتان
bemanning (de)	xadame	خدمه
piloot (de)	xalabān	خلبان
stewardess (de)	mehmāndār-e havāpeymā	مهماندار هواپیما
stuurman (de)	nāvbar	ناوبر
vleugels (mv.)	bāl-hā	بال ها
staart (de)	dam	دم
cabine (de)	kābin	کابین
motor (de)	motor	موتور
landingsgestel (het)	šāssi	شاسی
turbine (de)	turbin	توربین
propeller (de)	parvāne	پروانه
zwarte doos (de)	ja'be-ye siyāh	جعبه سیاه
stuur (het)	farmān	فرمان
brandstof (de)	suxt	سوخت
veiligheidskaart (de)	dasturol'amal	دستورالعمل
zuurstofmasker (het)	māsk-e oksižen	ماسک اکسیژن
uniform (het)	oniform	اونیفورم
reddingsvest (de)	jeliqe-ye nejāt	جلیقهٔ نجات
parachute (de)	čatr-e nejāt	چترنجات
opstijgen (het)	parvāz	پرواز
opstijgen (ww)	parvāz kardan	پرواز کردن
startbaan (de)	bānd-e forudgāh	باند فرودگاه
zicht (het)	meydān did	میدان دید
vlucht (de)	parvāz	پرواز
hoogte (de)	ertefā'	ارتفاع
luchtzak (de)	čāle-ye havāyi	چاله هوایی
plaats (de)	jā	جا
koptelefoon (de)	guši	گوشی
tafeltje (het)	sini-ye tāšow	سینی تاشو
venster (het)	panjere	پنجره
gangpad (het)	rāhrow	راهرو

142. Trein

Nederlands	Transcriptie	Perzisch
trein (de)	qatār	قطار
elektrische trein (de)	qatār-e barqi	قطار برقی
sneltrein (de)	qatār-e sari'osseyr	قطارسریع السیر
diesellocomotief (de)	lokomotiv-e dizel	لوکوموتیو دیزل
stoomlocomotief (de)	lokomotiv-e boxar	لوکوموتیو بخار
rijtuig (het)	vāgon	واگن
restauratierijtuig (het)	vāgon-e resturān	واگن رستوران
rails (mv.)	reyl-hā	ریل ها
spoorweg (de)	rāh āhan	راه آهن
dwarsligger (de)	reyl-e band	ریل بند
perron (het)	sakku-ye rāh-āhan	سکوی راه آهن
spoor (het)	masir	مسیر
semafoor (de)	nešanar	نشانبر
halte (bijv. kleine treinhalte)	istgāh	ایستگاه
machinist (de)	rānande	راننده
kruier (de)	bārbar	باربر
conducteur (de)	rāhnamā-ye qatār	راهنمای قطار
passagier (de)	mosāfer	مسافر
controleur (de)	kontorol či	کنترل چی
gang (in een trein)	rāhrow	راهرو
noodrem (de)	tormoz-e ezterāri	ترمز اضطراری
coupé (de)	kupe	کوپه
bed (slaapplaats)	taxt-e kupe	تخت کوپه
bovenste bed (het)	taxt-e bālā	تخت بالا
onderste bed (het)	taxt-e pāyin	تخت پایین
beddengoed (het)	raxt-e xāb	رخت خواب
kaartje (het)	belit	بلیط
dienstregeling (de)	barnāme	برنامه
informatiebord (het)	barnāme-ye zamāni	برنامه زمانی
vertrekken (De trein vertrekt ...)	tark kardan	ترک کردن
vertrek (ov. een trein)	harekat	حرکت
aankomen (ov. de treinen)	residan	رسیدن
aankomst (de)	vorud	ورود
aankomen per trein	bā qatār āmadan	با قطار آمدن
in de trein stappen	savār-e qatār šodan	سوار قطار شدن
uit de trein stappen	az qatār piyāde šodan	از قطار پیاده شدن
treinwrak (het)	sānehe	سانحه
ontspoord zijn	az xat xārej šodan	از خط خارج شدن
stoomlocomotief (de)	lokomotiv-e boxar	لوکوموتیو بخار
stoker (de)	ātaškār	آتشکار
stookplaats (de)	ātašdān	آتشدان
steenkool (de)	zoqāl sang	زغال سنگ

131

143. Schip

schip (het)	kešti	کشتی
vaartuig (het)	kešti	کشتی
stoomboot (de)	kešti-ye boxāri	کشتی بخاری
motorschip (het)	qāyeq-e rudxāne	قایق رودخانه
lijnschip (het)	kešti-ye tafrihi	کشتی تفریحی
kruiser (de)	razm nāv	رزم ناو
jacht (het)	qāyeq-e tafrihi	قایق تفریحی
sleepboot (de)	yadak keš	یدک کش
duwbak (de)	kešti-ye bārkeše yadaki	کشتی بارکش یدکی
ferryboot (de)	kešti-ye farābar	کشتی فرابر
zeilboot (de)	kešti-ye bādbāni	کشتی بادبانی
brigantijn (de)	košti dozdān daryā-yi	کشتی دزدان دریایی
ijsbreker (de)	kešti-ye yaxšekan	کشتی یخ شکن
duikboot (de)	zirdaryāyi	زیردریایی
boot (de)	qāyeq	قایق
sloep (de)	qāyeq-e tafrihi	قایق تفریحی
reddingssloep (de)	qāyeq-e nejāt	قایق نجات
motorboot (de)	qāyeq-e motori	قایق موتوری
kapitein (de)	kāpitān	کاپیتان
zeeman (de)	malavān	ملوان
matroos (de)	malavān	ملوان
bemanning (de)	xadame	خدمه
bootsman (de)	sar malavān	سر ملوان
scheepsjongen (de)	šāgerd-e malavān	شاگرد ملوان
kok (de)	āšpaz-e kešti	آشپز کشتی
scheepsarts (de)	pezešk-e kešti	پزشک کشتی
dek (het)	arše-ye kešti	عرشهٔ کشتی
mast (de)	dakal	دکل
zeil (het)	bādbān	بادبان
ruim (het)	anbār	انبار
voorsteven (de)	sine-ye kešti	سینه کشتی
achtersteven (de)	aqab kešti	عقب کشتی
roeispaan (de)	pāru	پارو
schroef (de)	parvāne	پروانه
kajuit (de)	otāq-e kešti	اتاق کشتی
officierskamer (de)	otāq-e afsarān	اتاق افسران
machinekamer (de)	motor xāne	موتور خانه
brug (de)	pol-e farmāndehi	پل فرماندهی
radiokamer (de)	kābin-e bisim	کابین بی سیم
radiogolf (de)	mowj	موج
logboek (het)	roxdād nāme	رخداد نامه
verrekijker (de)	teleskop	تلسکوپ
klok (de)	nāqus	ناقوس

vlag (de)	parčam	پرچم
kabel (de)	tanāb	طناب
knoop (de)	gereh	گره

| leuning (de) | narde | نرده |
| trap (de) | pol | پل |

anker (het)	langar	لنگر
het anker lichten	langar kešidan	لنگر کشیدن
het anker neerlaten	langar andāxtan	لنگر انداختن
ankerketting (de)	zanjir-e langar	زنجیر لنگر

haven (bijv. containerhaven)	bandar	بندر
kaai (de)	eskele	اسکله
aanleggen (ww)	pahlu gereftan	پهلو گرفتن
wegvaren (ww)	tark kardan	ترک کردن

reis (de)	mosāferat	مسافرت
cruise (de)	safar-e daryāyi	سفر دریایی
koers (de)	masir	مسیر
route (de)	masir	مسیر

vaarwater (het)	kešti-ye ru	کشتی رو
zandbank (de)	mahall-e kam omq	محل کم عمق
stranden (ww)	be gel nešastan	به گل نشستن

storm (de)	tufān	طوفان
signaal (het)	alāmat	علامت
zinken (ov. een boot)	qarq šodan	غرق شدن
Man overboord!	kas-i dar hāl-e qarq šodan-ast!	کسی در حال غرق شدن است!

| SOS (noodsignaal) | sos | SOS |
| reddingsboei (de) | kamarband-e nejāt | کمربند نجات |

144. Vliegveld

luchthaven (de)	forudgāh	فرودگاه
vliegtuig (het)	havāpeymā	هواپیما
luchtvaartmaatschappij (de)	šerkat-e havāpeymāyi	شرکت هواپیمایی
luchtverkeersleider (de)	ma'mur-e kontorol-e terāfik-e havāyi	مأمور کنترل ترافیک هوایی

vertrek (het)	azimat	عزیمت
aankomst (de)	vorud	ورود
aankomen (per vliegtuig)	residan	رسیدن

| vertrektijd (de) | zamān-e parvāz | زمان پرواز |
| aankomstuur (het) | zamān-e vorud | زمان ورود |

| vertraagd zijn (ww) | ta'xir kardan | تأخیر کردن |
| vluchtvertraging (de) | ta'xir-e parvāz | تأخیر پرواز |

| informatiebord (het) | tāblo-ye ettelā'āt | تابلوی اطلاعات |
| informatie (de) | ettelā'āt | اطلاعات |

aankondigen (ww)	e'lām kardan	اعلام کردن
vlucht (bijv. KLM ~)	parvāz	پرواز
douane (de)	gomrok	گمرک
douanier (de)	ma'mur-e gomrok	مأمور گمرک
douaneaangifte (de)	ežhār-nāme	اظهارنامه
invullen (douaneaangifte ~)	por kardan	پر کردن
een douaneaangifte invullen	ezhār-nāme rā por kardan	اظهارنامه را پر کردن
paspoortcontrole (de)	kontorol-e gozarnāme	کنترل گذرنامه
bagage (de)	bār	بار
handbagage (de)	bār-e dasti	بار دستی
bagagekarretje (het)	čarx-e hamle bar	چرخ حمل بار
landing (de)	forud	فرود
landingsbaan (de)	bānd-e forudgāh	باند فرودگاه
landen (ww)	nešastan	نشستن
vliegtuigtrap (de)	pellekān	پلکان
inchecken (het)	ček in	چک این
incheckbalie (de)	bāje-ye kontorol	باجه کنترل
inchecken (ww)	čekin kardan	چکاین کردن
instapkaart (de)	kārt-e parvāz	کارت پرواز
gate (de)	gi-yat xoruj	گیت خروج
transit (de)	terānzit	ترانزیت
wachten (ww)	montazer budan	منتظر بودن
wachtzaal (de)	tālār-e entezār	تالار انتظار
begeleiden (uitwuiven)	badraqe kardan	بدرقه کردن
afscheid nemen (ww)	xodāhāfezi kardan	خداحافظی کردن

145. Fiets. Motorfiets

fiets (de)	dočarxe	دوچرخه
bromfiets (de)	eskuter	اسکوتر
motorfiets (de)	motorsiklet	موتورسیکلت
met de fiets rijden	bā dočarxe raftan	با دوچرخه رفتن
stuur (het)	farmān-e dočarxe	فرمان دوچرخه
pedaal (de/het)	pedāl	پدال
remmen (mv.)	tormoz	ترمز
fietszadel (de/het)	zin	زین
pomp (de)	pomp	پمپ
bagagedrager (de)	tarakband	ترکبند
fietslicht (het)	čerāq-e jelo	چراغ جلو
helm (de)	kolāh-e imeni	کلاه ایمنی
wiel (het)	čarx	چرخ
spatbord (het)	golgir	گلگیر
velg (de)	towqe	طوقه
spaak (de)	parre	پره

Auto's

146. Soorten auto's

auto (de)	otomobil	اتومبیل
sportauto (de)	otomobil-e varzeši	اتومبیل ورزشی
limousine (de)	limozin	لیموزین
terreinwagen (de)	jip	جیپ
cabriolet (de)	kābriyole	کابریولیه
minibus (de)	mini bus	مینی بوس
ambulance (de)	āmbolāns	آمبولانس
sneeuwruimer (de)	māšin-e barfrub	ماشین برف روب
vrachtwagen (de)	kāmiyon	کامیون
tankwagen (de)	tānker	تانکر
bestelwagen (de)	kāmiyon	کامیون
trekker (de)	tereyler	تریلر
aanhangwagen (de)	yadak	یدک
comfortabel (bn)	rāhat	راحت
tweedehands (bn)	dast-e dovvom	دست دوم

147. Auto's. Carrosserie

motorkap (de)	kāput	کاپوت
spatbord (het)	golgir	گلگیر
dak (het)	saqf	سقف
voorruit (de)	šiše-ye jelo	شیشه جلو
achterruit (de)	āyene-ye did-e aqab	آینه دید عقب
ruitensproeier (de)	pak konande	پاک کننده
wisserbladen (mv.)	barf pāk kon	برف پاک کن
zijruit (de)	šiše-ye baqal	شیشه بغل
raamlift (de)	šiše bālābar	شیشه بالابر
antenne (de)	ānten	آنتن
zonnedak (het)	sanrof	سانروف
bumper (de)	separ	سپر
koffer (de)	sanduq-e aqab	صندوق عقب
imperiaal (de/het)	bārband	باربند
portier (het)	darb	درب
handvat (het)	dastgire-ye dar	دستگیرهٔ در
slot (het)	qofl	قفل
nummerplaat (de)	pelāk	پلاک
knalpot (de)	xafe kon	خفه کن

benzinetank (de)	bāk-e benzin	باک بنزین
uitlaatpijp (de)	lule-ye egzoz	لولۀ اگزوز

gas (het)	gāz	گاز
pedaal (de/het)	pedāl	پدال
gaspedaal (de/het)	pedāl-e gāz	پدال گاز

rem (de)	tormoz	ترمز
rempedaal (de/het)	pedāl-e tormoz	پدال ترمز
remmen (ww)	tormoz kardan	ترمز کردن
handrem (de)	tormoz-e dasti	ترمز دستی

koppeling (de)	kelāč	کلاچ
koppelingspedaal (de/het)	pedāl-e kelāč	پدال کلاچ
koppelingsschijf (de)	disk-e kelāč	دیسک کلاچ
schokdemper (de)	komak-e fanar	کمک فنر

wiel (het)	čarx	چرخ
reservewiel (het)	zāpās	زاپاس
wieldop (de)	qālpāq	قالپاق

aandrijfwielen (mv.)	čarxhā-ye moharrek	چرخ های محرک
met voorwielaandrijving	mehvarhā-ye jelo	محورهای جلو
met achterwielaandrijving	mehvarhā-ye aqab	محورهای عقب
met vierwielaandrijving	tamām-e čarx	تمام چرخ

versnellingsbak (de)	ja'be-ye dande	جعبۀ دنده
automatisch (bn)	otumātik	اتوماتیک
mechanisch (bn)	mekāniki	مکانیکی
versnellingspook (de)	ahrom-e ja'be dande	اهرم جعبه دنده

voorlicht (het)	čerāq-e jelo	چراغ جلو
voorlichten (mv.)	čerāq-hā	چراغ ها

dimlicht (het)	nur-e pāin	نور پائین
grootlicht (het)	nur-e bālā	نور بالا
stoplicht (het)	čerāq-e tormoz	چراغ ترمز

standlichten (mv.)	čerāqhā-ye pārk	چراغ های پارک
noodverlichting (de)	čerāqha-ye xatar	چراغ های خطر
mistlichten (mv.)	čerāqhā-ye meh-e šekan	چراغ های مه شکن
pinker (de)	čerāq-e rāhnamā	چراغ راهنما
achteruitrijdlicht (het)	čerāq-e dande-ye aqab	چراغ دنده عقب

148. Auto's. Passagiersruimte

interieur (het)	dāxel-e xodrow	داخل خودرو
leren (van leer gemaak)	čarmi	چرمی
fluwelen (abn)	maxmali	مخملی
bekleding (de)	tuduzi	تودوزی

toestel (het)	abzār	ابزار
instrumentenbord (het)	safhe-ye dāšbord	صفحه داشبورد
snelheidsmeter (de)	sor'at sanj	سرعت سنج

pijltje (het)	aqrabe	عقربه
kilometerteller (de)	kilumetr-e šomār	کیلومتر شمار
sensor (de)	nešāngar	نشانگر
niveau (het)	sath	سطح
controlelampje (het)	lāmp	لامپ

stuur (het)	farmān	فرمان
toeter (de)	buq	بوق
knopje (het)	dokme	دکمه
schakelaar (de)	kelid	کلید

stoel (bestuurders~)	sandali	صندلی
rugleuning (de)	pošti-ye sandali	پشتی صندلی
hoofdsteun (de)	zir-e seri	زیر سری
veiligheidsgordel (de)	kamarband-e imeni	کمربند ایمنی
de gordel aandoen	kamarband rā bastan	کمربند را بستن
regeling (de)	tanzim	تنظیم

airbag (de)	kise-ye havā	کیسه هوا
airconditioner (de)	tahviye-ye matbu'	تهویه مطبوع

radio (de)	rādiyo	رادیو
CD-speler (de)	paxš konande-ye si di	پخش کننده سی دی
aanzetten (bijv. radio ~)	rowšan kardan	روشن کردن
antenne (de)	ānten	آنتن
handschoenenkastje (het)	dāšbord	داشبورد
asbak (de)	zir-sigāri	زیرسیگاری

149. Auto's. Motor

motor (de)	motor	موتور
diesel- (abn)	dizel	دیزل
benzine- (~motor)	benzin	بنزین

motorinhoud (de)	hajm-e motor	حجم موتور
vermogen (het)	niru	نیرو
paardenkracht (de)	asb-e boxār	اسب بخار
zuiger (de)	pistun	پیستون
cilinder (de)	silandr	سیلندر
klep (de)	supāp	سوپاپ

injectie (de)	anžektor	انژکتور
generator (de)	ženerātor	ژنراتور
carburator (de)	kārborātor	کاربراتور
motorolie (de)	rowqan-e motor	روغن موتور

radiator (de)	rādiyātor	رادیاتور
koelvloeistof (de)	māye-'e sard konande	مایع سرد کننده
ventilator (de)	fan-e xonak konande	فن خنک کننده

accu (de)	bātri-ye māšin	باتری ماشین
starter (de)	estārt	استارت
contact (ontsteking)	ehterāq	احتراق
bougie (de)	šam'-e motor	شمع موتور

pool (de)	pāyāne	پایانه
positieve pool (de)	mosbat	مثبت
negatieve pool (de)	manfi	منفی
zekering (de)	fiyuz	فیوز

luchtfilter (de)	filter-e havā	فیلتر هوا
oliefilter (de)	filter-e rowqan	فیلتر روغن
benzinefilter (de)	filter-e suxt	فیلتر سوخت

150. Auto's. Botsing. Reparatie

auto-ongeval (het)	tasādof	تصادف
verkeersongeluk (het)	tasādof	تصادف
aanrijden	barxord kardan	برخورد کردن
(tegen een boom, enz.)		
verongelukken (ww)	tasādof kardan	تصادف کردن
beschadiging (de)	āsib	آسیب
heelhuids (bn)	sālem	سالم

pech (de)	xarābi	خرابی
kapot gaan (zijn gebroken)	xarāb šodan	خراب شدن
sleeptouw (het)	sim-e boksel	سیم بکسل

lek (het)	pančar	پنچر
lekke krijgen (band)	pančar šodan	پنچر شدن
oppompen (ww)	bād kardan	باد کردن
druk (de)	fešār	فشار
checken (ww)	barresi kardan	بررسی کردن

reparatie (de)	ta'mir	تعمیر
garage (de)	ta'mirgāh-e xodro	تعمیرگاه خودرو
wisselstuk (het)	qet'e-ye yadaki	قطعه یدکی
onderdeel (het)	qet'e	قطعه

bout (de)	pič	پیچ
schroef (de)	pič	پیچ
moer (de)	mohre	مهره
sluitring (de)	vāšer	واشر
kogellager (de/het)	yātāqān	یاتاقان

pijp (de)	lule	لوله
pakking (de)	vāšer	واشر
kabel (de)	sim	سیم

dommekracht (de)	jak	جک
moersleutel (de)	āčār	آچار
hamer (de)	čakoš	چکش
pomp (de)	pomp	پمپ
schroevendraaier (de)	pič gušti	پیچ گوشتی

brandblusser (de)	kapsul-e ātašnešāni	کپسول آتش نشانی
gevarendriehoek (de)	alāmat-e ehtiyāt	علامت احتیاط
afslaan	xāmuš šodan	خاموش شدن
(ophouden te werken)		

uitvallen (het)	tavaqqof	توقف
zijn gebroken	xarāb budan	خراب بودن
oververhitten (ww)	juš āvardan	جوش آوردن
verstopt raken (ww)	masdud šodan	مسدود شدن
bevriezen (autodeur, enz.)	yax bastan	یخ بستن
barsten (leidingen, enz.)	tarakidan	ترکیدن
druk (de)	fešār	فشار
niveau (bijv. olieniveau)	sath	سطح
slap (de drijfriem is ~)	za'if	ضعیف
deuk (de)	foruraftegi	فرورفتگی
geklop (vreemde geluiden)	sedā	صدا
barst (de)	tarak	ترک
kras (de)	xarāš	خراش

151. Auto's. Weg

weg (de)	rāh	راه
snelweg (de)	bozorgrāh	بزرگراه
autoweg (de)	āzād-e rāh	آزاد راه
richting (de)	samt	سمت
afstand (de)	masāfat	مسافت
brug (de)	pol	پل
parking (de)	pārking	پارکینگ
plein (het)	meydān	میدان
verkeersknooppunt (het)	dowr bargardān	دوربرگردان
tunnel (de)	tunel	تونل
benzinestation (het)	pomp-e benzin	پمپ بنزین
parking (de)	pārking	پارکینگ
benzinepomp (de)	pomp-e benzin	پمپ بنزین
garage (de)	ta'mirgāh-e xodro	تعمیرگاه خودرو
tanken (ww)	benzin zadan	بنزین زدن
brandstof (de)	suxt	سوخت
jerrycan (de)	dabbe	دبه
asfalt (het)	āsfālt	آسفالت
markering (de)	alāmat-e gozari	علامت گذاری
trottoirband (de)	labe-ye jadval	لبه جدول
geleiderail (de)	narde	نرده
greppel (de)	juy	جوی
vluchtstrook (de)	kenār rāh	کنار راه
lichtmast (de)	tir-e barq	تیر برق
besturen (een auto ~)	rāndan	راندن
afslaan (naar rechts ~)	pičidan	پیچیدن
U-bocht maken (ww)	dowr zadan	دور زدن
achteruit (de)	dande aqab	دنده عقب
toeteren (ww)	buq zadan	بوق زدن
toeter (de)	buq	بوق

vastzitten (in modder)	gir kardan	گیر کردن
spinnen (wielen gaan ~)	sor xordan	سر خوردن
uitzetten (ww)	xāmuš kardan	خاموش کردن

snelheid (de)	sor'at	سرعت
een snelheidsovertreding maken	az sor'at-e mojāz gozāštan	ازسرعت مجاز گذشتن
bekeuren (ww)	jarime kardan	جریمه کردن
verkeerslicht (het)	čerāq-e rāhnamā	چراغ راهنما
rijbewijs (het)	govāhi-nāme-ye rānandegi	گواهینامة رانندگی

overgang (de)	taqāto'	تقاطع
kruispunt (het)	čahārrāh	چهارراه
zebrapad (oversteekplaats)	xatt-e āber-e piyāde	خط عابرپیاده
bocht (de)	pič	پیچ
voetgangerszone (de)	mantaqe-ye āber-e piyāde	منطقة عابر پیاده

MENSEN. GEBEURTENISSEN IN HET LEVEN

Gebeurtenissen in het leven

152. Vakanties. Evenement

feest (het)	jašn	جشن
nationale feestdag (de)	eyd-e melli	عید ملی
feestdag (de)	ruz-e jašn	روز جشن
herdenken (ww)	jašn gereftan	جشن گرفتن
gebeurtenis (de)	vāqe'e	واقعه
evenement (het)	ruydād	رویداد
banket (het)	ziyāfat	ضیافت
receptie (de)	ziyāfat	ضیافت
feestmaal (het)	jašn	جشن
verjaardag (de)	sālgard	سالگرد
jubileum (het)	sālgard	سالگرد
vieren (ww)	jašn gereftan	جشن گرفتن
Nieuwjaar (het)	sāl-e now	سال نو
Gelukkig Nieuwjaar!	sāl-e now mobārak	سال نو مبارک
Sinterklaas (de)	bābā noel	بابا نوئل
Kerstfeest (het)	kerismas	کریسمس
Vrolijk kerstfeest!	kerismas mobārak!	کریسمس مبارک!
kerstboom (de)	kāj kerismas	کاج کریسمس
vuurwerk (het)	ātaš-e bāzi	آتش بازی
bruiloft (de)	arusi	عروسی
bruidegom (de)	dāmād	داماد
bruid (de)	arus	عروس
uitnodigen (ww)	da'vat kardan	دعوت کردن
uitnodigingskaart (de)	da'vatnāme	دعوتنامه
gast (de)	mehmān	مهمان
op bezoek gaan	be mehmāni raftan	به مهمانی رفتن
gasten verwelkomen	az mehmānān esteqbāl kardan	از مهمانان استقبال کردن
geschenk, cadeau (het)	hedye	هدیه
geven (iets cadeau ~)	hadye dādan	هدیه دادن
geschenken ontvangen	hediye gereftan	هدیه گرفتن
boeket (het)	daste-ye gol	دسته گل
felicitaties (mv.)	tabrik	تبریک
feliciteren (ww)	tabrik goftan	تبریک گفتن

wenskaart (de)	kārt-e tabrik	کارت تبریک
een kaartje versturen	kārt-e tabrik ferestādan	کارت تبریک فرستادن
een kaartje ontvangen	kārt-e tabrik gereftan	کارت تبریک گرفتن

toast (de)	be salāmati-ye kas-i nušidan	به سلامتی کسی نوشیدن
aanbieden (een drankje ~)	pazirāyi kardan	پذیرایی کردن
champagne (de)	šāmpāyn	شامپاین

plezier hebben (ww)	šādi kardan	شادی کردن
plezier (het)	šādi	شادی
vreugde (de)	maserrat	مسرت

| dans (de) | raqs | رقص |
| dansen (ww) | raqsidan | رقصیدن |

| wals (de) | raqs-e vāls | رقص والس |
| tango (de) | raqs tāngo | رقص تانگو |

153. Begrafenissen. Begrafenis

kerkhof (het)	qabrestān	قبرستان
graf (het)	qabr	قبر
kruis (het)	salib	صلیب
grafsteen (de)	sang-e qabr	سنگ قبر
omheining (de)	hesār	حصار
kapel (de)	kelisā-ye kučak	کلیسای کوچک

dood (de)	marg	مرگ
sterven (ww)	mordan	مردن
overledene (de)	marhum	مرحوم
rouw (de)	azā	عزا

begraven (ww)	dafn kardan	دفن کردن
begrafenisonderneming (de)	xadamat-e kafno dafn	خدمات کفن ودفن
begrafenis (de)	tašyi-'e jenāze	تشییع جنازه
krans (de)	tāj-e gol	تاج گل
doodskist (de)	tābut	تابوت
lijkwagen (de)	na'š keš	نعش کش
lijkkleed (de)	kafan	کفن

begrafenisstoet (de)	tašyi-'e jenāze	تشییع جنازه
urn (de)	zarf-e xākestar-e morde	ظرف خاکستر مرده
crematorium (het)	morde suz xāne	مرده سوز خانه

overlijdensbericht (het)	āgahi-ye tarhim	آگهی ترحیم
huilen (wenen)	gerye kardan	گریه کردن
snikken (huilen)	zār zār gerye kardan	زار زارگریه کردن

154. Oorlog. Soldaten

| peloton (het) | daste | دسته |
| compagnie (de) | goruhān | گروهان |

regiment (het)	hang	هنگ
leger (armee)	arteš	ارتش
divisie (de)	laškar	لشکر
sectie (de)	daste	دسته
troep (de)	laškar	لشکر
soldaat (militair)	sarbāz	سرباز
officier (de)	afsar	افسر
soldaat (rang)	sarbāz	سرباز
sergeant (de)	goruhbān	گروهبان
luitenant (de)	sotvān	ستوان
kapitein (de)	kāpitān	کاپیتان
majoor (de)	sargord	سرگرد
kolonel (de)	sarhang	سرهنگ
generaal (de)	ženerāl	ژنرال
matroos (de)	malavān	ملوان
kapitein (de)	kāpitān	کاپیتان
bootsman (de)	sar malavān	سر ملوان
artillerist (de)	tupči	توپچی
valschermjager (de)	sarbāz-e čatrbāz	سرباز چترباز
piloot (de)	xalabān	خلبان
stuurman (de)	nāvbar	ناوبر
mecanicien (de)	mekānik	مکانیک
sappeur (de)	mohandes estehkāmāt	مهندس استحکامات
parachutist (de)	čatr bāz	چترباز
verkenner (de)	ettelā'āti	اطلاعاتی
scherpschutter (de)	tak tir andāz	تک تیر انداز
patrouille (de)	gašt	گشت
patrouilleren (ww)	gašt zadan	گشت زدن
wacht (de)	negahbān	نگهبان
krijger (de)	jangju	جنگجو
patriot (de)	mihan parast	میهن پرست
held (de)	qahremān	قهرمان
heldin (de)	qahremān-e zan	قهرمان زن
verrader (de)	xāen	خائن
verraden (ww)	xiyānat kardan	خیانت کردن
deserteur (de)	farāri	فراری
deserteren (ww)	farāri budan	فراری بودن
huurling (de)	mozdur	مزدور
rekruut (de)	sarbāz-e jadid	سرباز جدید
vrijwilliger (de)	dāvtalab	داوطلب
gedode (de)	morde	مرده
gewonde (de)	zaxmi	زخمی
krijgsgevangene (de)	asir	اسیر

155. Oorlog. Militaire acties. Deel 1

oorlog (de)	jang	جنگ
oorlog voeren (ww)	jangidan	جنگیدن
burgeroorlog (de)	jang-e dāxeli	جنگ داخلی
achterbaks (bw)	xāenāne	خائنانه
oorlogsverklaring (de)	e'lān-e jang	اعلان جنگ
verklaren (de oorlog ~)	e'lān kardan	اعلان کردن
agressie (de)	tajāvoz	تجاوز
aanvallen (binnenvallen)	hamle kardan	حمله کردن
binnenvallen (ww)	tajāvoz kardan	تجاوز کردن
invaller (de)	tajāvozgar	تجاوزگر
veroveraar (de)	fāteh	فاتح
verdediging (de)	defā'	دفاع
verdedigen (je land ~)	defā' kardan	دفاع کردن
zich verdedigen (ww)	az xod defā' kardan	از خود دفاع کردن
vijand (de)	došman	دشمن
tegenstander (de)	moxālef	مخالف
vijandelijk (bn)	došman	دشمن
strategie (de)	rāhbord	راهبرد
tactiek (de)	tāktik	تاکتیک
order (de)	farmān	فرمان
bevel (het)	dastur	دستور
bevelen (ww)	farmān dādan	فرمان دادن
opdracht (de)	ma'muriyat	مأموریت
geheim (bn)	mahramāne	محرمانه
veldslag (de)	jang	جنگ
strijd (de)	nabard	نبرد
aanval (de)	hamle	حمله
bestorming (de)	yureš	یورش
bestormen (ww)	yureš bordan	یورش بردن
bezetting (de)	mohāsere	محاصره
aanval (de)	hamle	حمله
in het offensief te gaan	hamle kardan	حمله کردن
terugtrekking (de)	aqab nešini	عقب نشینی
zich terugtrekken (ww)	aqab nešini kardan	عقب نشینی کردن
omsingeling (de)	mohāsere	محاصره
omsingelen (ww)	mohāsere kardan	محاصره کردن
bombardement (het)	bombārān-e havāyi	بمباران هوایی
een bom gooien	bomb āndaxtan	بمب انداختن
bombarderen (ww)	bombārān kardan	بمباران کردن
ontploffing (de)	enfejār	انفجار
schot (het)	tirandāzi	تیراندازی

| een schot lossen | tirandāzi kardan | تیراندازی کردن |
| schieten (het) | tirandāzi | تیراندازی |

mikken op (ww)	nešāne raftan	نشانه رفتن
aanleggen (een wapen ~)	šhellik kardan	شلیک کردن
treffen (doelwit ~)	residan	رسیدن

zinken (tot zinken brengen)	qarq šodan	غرق شدن
kogelgat (het)	surāx	سوراخ
zinken (gezonken zijn)	qarq šodan	غرق شدن

front (het)	jebhe	جبهه
evacuatie (de)	taxliye	تخلیه
evacueren (ww)	taxliye kardan	تخلیه کردن

loopgraaf (de)	sangar	سنگر
prikkeldraad (de)	sim-e xārdār	سیم خاردار
verdedigingsobstakel (het)	hesār	حصار
wachttoren (de)	borj	برج

hospitaal (het)	bimārestān-e nezāmi	بیمارستان نظامی
verwonden (ww)	majruh kardan	مجروح کردن
wond (de)	zaxm	زخم
gewonde (de)	zaxmi	زخمی
gewond raken (ww)	zaxmi šodan	زخمی شدن
ernstig (~e wond)	zaxm-e saxt	زخم سخت

156. Wapens

wapens (mv.)	selāh	سلاح
vuurwapens (mv.)	aslahe-ye garm	اسلحهٔ گرم
koude wapens (mv.)	aslahe-ye sard	اسلحهٔ سرد

chemische wapens (mv.)	taslihāt-e šimiyāyi	تسلیحات شیمیایی
kern-, nucleair (bn)	haste i	هسته ای
kernwapens (mv.)	taslihāt-e hastei	تسلیحات هسته ای

| bom (de) | bomb | بمب |
| atoombom (de) | bomb-e atomi | بمب اتمی |

pistool (het)	kolt	کلت
geweer (het)	tofang	تفنگ
machinepistool (het)	mosalsal-e xodkār	مسلسل خودکار
machinegeweer (het)	mosalsal	مسلسل

loop (schietbuis)	sar-e lule-ye tofang	سر لوله تفنگ
loop (bijv. geweer met kortere ~)	lule-ye tofang	لوله تفنگ
kaliber (het)	kālibr	کالیبر

trekker (de)	māše	ماشه
korrel (de)	nešāne ravi	نشانه روی
magazijn (het)	xešāb	خشاب
geweerkolf (de)	qondāq	قنداق

granaat (handgranaat)	nārenjak	نارنجک
explosieven (mv.)	mādde-ye monfajere	مادهٔ منفجره

kogel (de)	golule	گلوله
patroon (de)	fešang	فشنگ
lading (de)	mohemmāt	مهمات
ammunitie (de)	mohemmāt	مهمات

bommenwerper (de)	bomb-afkan	بمبافکن
straaljager (de)	jangande	جنگنده
helikopter (de)	helikopter	هلیکوپتر

afweergeschut (het)	tup-e zedd-e havāyi	توپ ضد هوایی
tank (de)	tānk	تانک
kanon (tank met een ~ van 76 mm)	tup	توپ

artillerie (de)	tupxāne	توپخانه
kanon (het)	tofang	تفنگ
aanleggen (een wapen ~)	šhellik kardan	شلیک کردن

projectiel (het)	xompāre	خمپاره
mortiergranaat (de)	xompāre	خمپاره
mortier (de)	xompāre andāz	خمپاره انداز
granaatscherf (de)	tarkeš	ترکش

duikboot (de)	zirdaryāyi	زیردریایی
torpedo (de)	eždar	اژدر
raket (de)	mušak	موشک

laden (geweer, kanon)	por kardan	پر کردن
schieten (ww)	tirandāzi kardan	تیراندازی کردن
richten op (mikken)	nešāne raftan	نشانه رفتن
bajonet (de)	sarneyze	سرنیزه

degen (de)	šamšir	شمشیر
sabel (de)	šamšir	شمشیر
speer (de)	neyze	نیزه
boog (de)	kamān	کمان
pijl (de)	tir	تیر
musket (de)	tofang fetile-i	تفنگ فتیلهای
kruisboog (de)	kamān zanburak-i	کمان زنبورکی

157. Oude mensen

primitief (bn)	avvaliye	اولیه
voorhistorisch (bn)	piš az tārix	پیش از تاریخ
eeuwenoude (~ beschaving)	qadimi	قدیمی

Steentijd (de)	asr-e hajar	عصر حجر
Bronstijd (de)	asr-e mafraq	عصر مفرغ
IJstijd (de)	dowre-ye yaxbandān	دورهٔ یخبندان
stam (de)	qabile	قبیله
menseneter (de)	ādam xār	آدم خوار

jager (de)	šekārči	شکارچی
jagen (ww)	šekār kardan	شکار کردن
mammoet (de)	māmut	ماموت

grot (de)	qār	غار
vuur (het)	ātaš	آتش
kampvuur (het)	ātaš	آتش
rotstekening (de)	qār negāre	غار نگاره

werkinstrument (het)	abzār-e kār	ابزار کار
speer (de)	neyze	نیزه
stenen bijl (de)	tabar-e sangi	تبر سنگی
oorlog voeren (ww)	jangidan	جنگیدن
temmen (bijv. wolf ~)	rām kardan	رام کردن

idool (het)	bot	بت
aanbidden (ww)	parastidan	پرستیدن
bijgeloof (het)	xorāfe	خرافه
ritueel (het)	marāsem	مراسم

evolutie (de)	takāmol	تکامل
ontwikkeling (de)	pišraft	پیشرفت
verdwijning (de)	enqerāz	انقراض
zich aanpassen (ww)	sāzgār šodan	سازگار شدن

archeologie (de)	bāstān-šenāsi	باستان شناسی
archeoloog (de)	bāstān-šenās	باستان شناس
archeologisch (bn)	bāstān-šenāsi	باستان شناسی

opgravingsplaats (de)	mahall-e haffārihā	محل حفاری ها
opgravingen (mv.)	haffāri-hā	حفاری ها
vondst (de)	yāfteh	یافته
fragment (het)	qet'e	قطعه

158. Middeleeuwen

volk (het)	mellat	ملت
volkeren (mv.)	mellat-hā	ملت ها
stam (de)	qabile	قبیله
stammen (mv.)	qabāyel	قبایل

barbaren (mv.)	barbar-hā	بربر ها
Galliërs (mv.)	gul-hā	گول ها
Goten (mv.)	gat-hā	گت ها
Slaven (mv.)	eslāv-hā	اسلاو ها
Vikings (mv.)	vāyking-hā	وایکینگ ها

| Romeinen (mv.) | rumi-hā | رومی ها |
| Romeins (bn) | rumi | رومی |

Byzantijnen (mv.)	bizānsi-hā	بیزانسی ها
Byzantium (het)	bizāns	بیزانس
Byzantijns (bn)	bizānsi	بیزانسی
keizer (bijv. Romeinse ~)	emperātur	امپراطور

opperhoofd (het)	rahbar	رهبر
machtig (bn)	moqtader	مقتدر
koning (de)	šāh	شاه
heerser (de)	hākem	حاکم
ridder (de)	šovālie	شوالیه
feodaal (de)	feodāl	فئودال
feodaal (bn)	feodāli	فئودالی
vazal (de)	ra'yat	رعیت
hertog (de)	duk	دوک
graaf (de)	kont	کنت
baron (de)	bāron	بارون
bisschop (de)	osqof	اسقف
harnas (het)	zereh	زره
schild (het)	separ	سپر
zwaard (het)	šamšir	شمشیر
vizier (het)	labe-ye kolāh	لبه کلاه
maliënkolder (de)	jowšan	جوشن
kruistocht (de)	jang-e salibi	جنگ صلیبی
kruisvaarder (de)	jangju-ye salibi	جنگجوی صلیبی
gebied (bijv. bezette ~en)	qalamrow	قلمرو
aanvallen (binnenvallen)	hamle kardan	حمله کردن
veroveren (ww)	fath kardan	فتح کردن
innemen (binnenvallen)	ešqāl kardan	اشغال کردن
bezetting (de)	mohāsere	محاصره
belegerd (bn)	mahsur	محصور
belegeren (ww)	mohāsere kardan	محاصره کردن
inquisitie (de)	taftiš-e aqāyed	تفتیش عقاید
inquisiteur (de)	mofatteš	مفتش
foltering (de)	šekanje	شکنجه
wreed (bn)	bi rahm	بی رحم
ketter (de)	molhed	ملحد
ketterij (de)	ertedād	ارتداد
zeevaart (de)	daryānavardi	دریانوردی
piraat (de)	dozd-e daryāyi	دزد دریایی
piraterij (de)	dozdi-ye daryāyi	دزدی دریایی
enteren (het)	hamle ruye arše	حمله روی عرشه
buit (de)	qanimat	غنیمت
schatten (mv.)	ganj	گنج
ontdekking (de)	kašf	کشف
ontdekken (bijv. nieuw land)	kašf kardan	کشف کردن
expeditie (de)	safar	سفر
musketier (de)	tofangdār	تفنگدار
kardinaal (de)	kārdināl	کاردینال
heraldiek (de)	nešān-šenāsi	نشان شناسی
heraldisch (bn)	manquš	منقوش

159. Leider. Baas. Autoriteiten

koning (de)	šāh	شاه
koningin (de)	maleke	ملكه
koninklijk (bn)	šāhi	شاهی
koninkrijk (het)	pādšāhi	پادشاهی
prins (de)	šāhzāde	شاهزاده
prinses (de)	pranses	پرنسس
president (de)	ra'is jomhur	رئیس جمهور
vicepresident (de)	mo'āven-e rais-e jomhur	معاون رئیس جمهور
senator (de)	senātor	سناتور
monarch (de)	pādšāh	پادشاه
heerser (de)	hākem	حاكم
dictator (de)	diktātor	دیكتاتور
tiran (de)	zālem	ظالم
magnaat (de)	najib zāde	نجیب زاده
directeur (de)	modir	مدیر
chef (de)	ra'is	رئیس
beheerder (de)	modir	مدیر
baas (de)	ra'is	رئیس
eigenaar (de)	sāheb	صاحب
leider (de)	rahbar	رهبر
hoofd	ra'is	رئیس
(bijv. ~ van de delegatie)		
autoriteiten (mv.)	maqāmāt	مقامات
superieuren (mv.)	roasā	رؤسا
gouverneur (de)	farmāndār	فرماندار
consul (de)	konsul	كنسول
diplomaat (de)	diplomāt	دیپلمات
burgemeester (de)	šahrdār	شهردار
sheriff (de)	kalāntar	كلانتر
keizer (bijv. Romeinse ~)	emperātur	امپراطور
tsaar (de)	tezār	تزار
farao (de)	fer'own	فرعون
kan (de)	xān	خان

160. De wet overtreden. Criminelen. Deel 1

bandiet (de)	rāhzan	راهزن
misdaad (de)	jenāyat	جنایت
misdadiger (de)	jenāyatkār	جنایتكار
dief (de)	dozd	دزد
stelen (ww)	dozdidan	دزدیدن
stelen (de)	dozdi	دزدی
diefstal (de)	serqat	سرقت

kidnappen (ww)	ādam robudan	آدم ربودن
kidnapping (de)	ādam robāyi	آدم ربایی
kidnapper (de)	ādam robā	آدم ربا

| losgeld (het) | bāj | باج |
| eisen losgeld (ww) | bāj xāstan | باج خواستن |

overvallen (ww)	serqat kardan	سرقت کردن
overval (de)	serqat	سرقت
overvaller (de)	qāratgar	غارتگر

afpersen (ww)	axxāzi kardan	اخاذی کردن
afperser (de)	axxāz	اخاذ
afpersing (de)	axxāzi	اخاذی

vermoorden (ww)	koštan	کشتن
moord (de)	qatl	قتل
moordenaar (de)	qātel	قاتل

schot (het)	tirandāzi	تیراندازی
een schot lossen	tirandāzi kardan	تیراندازی کردن
neerschieten (ww)	bā tir zadan	با تیر زدن
schieten (ww)	tirandāzi kardan	تیراندازی کردن
schieten (het)	tirandāzi	تیراندازی

ongeluk (gevecht, enz.)	vāqe'e	واقعه
gevecht (het)	zad-o xord	زد و خورد
Help!	komak!	کمک!
slachtoffer (het)	qorbāni	قربانی

beschadigen (ww)	xesārat resāndan	خسارت رساندن
schade (de)	xesārat	خسارت
lijk (het)	jasad	جسد
zwaar (~ misdrijf)	vaxim	وخیم

aanvallen (ww)	hamle kardan	حمله کردن
slaan (iemand ~)	zadan	زدن
in elkaar slaan (toetakelen)	kotak zadan	کتک زدن
ontnemen (beroven)	bezur gereftan	به زور گرفتن
steken (met een mes)	čāqu zadan	چاقو زدن
verminken (ww)	ma'yub kardan	معیوب کردن
verwonden (ww)	majruh kardan	مجروح کردن

chantage (de)	šāntāž	شانتاژ
chanteren (ww)	axxāzi kardan	اخاذی کردن
chanteur (de)	axxāz	اخاذ

afpersing (de)	axxāzi	اخاذی
afperser (de)	axxāz	اخاذ
gangster (de)	gāngester	گانگستر
maffia (de)	māfiyā	مافیا

kruimeldief (de)	jib bor	جیب بر
inbreker (de)	sāreq	سارق
smokkelen (het)	qāčāq	قاچاق
smokkelaar (de)	qāčāqči	قاچاقچی

namaak (de)	qollābi	قلابی
namaken (ww)	ja'l kardan	جعل کردن
namaak-, vals (bn)	ja'li	جعلی

161. De wet overtreden. Criminelen. Deel 2

verkrachting (de)	tajāvoz be nāmus	تجاوز به ناموس
verkrachten (ww)	tajāvoz kardan	تجاوز کردن
verkrachter (de)	zenā konande	زنا کننده
maniak (de)	majnun	مجنون

prostituee (de)	fāheše	فاحشه
prostitutie (de)	fāhešegi	فاحشگی
pooier (de)	jākeš	جاکش

| drugsverslaafde (de) | mo'tād | معتاد |
| drugshandelaar (de) | forušande-ye mavādd-e moxadder | فروشندهٔ مواد مخدر |

opblazen (ww)	monfajer kardan	منفجر کردن
explosie (de)	enfejār	انفجار
in brand steken (ww)	ātaš zadan	آتش زدن
brandstichter (de)	ātaš afruz	آتش افروز

terrorisme (het)	terorism	تروریسم
terrorist (de)	terorist	تروریست
gijzelaar (de)	gerowgān	گروگان

bedriegen (ww)	farib dādan	فریب دادن
bedrog (het)	farib	فریب
oplichter (de)	hoqqe bāz	حقه باز

omkopen (ww)	rešve dādan	رشوه دادن
omkoperij (de)	rešve	رشوه
smeergeld (het)	rešve	رشوه

vergif (het)	zahr	زهر
vergiftigen (ww)	masmum kardan	مسموم کردن
vergif innemen (ww)	masmum šodan	مسموم شدن

| zelfmoord (de) | xod-koši | خودکشی |
| zelfmoordenaar (de) | xod-koši konande | خودکشی کننده |

bedreigen (bijv. met een pistool)	tahdid kardan	تهدید کردن
bedreiging (de)	tahdid	تهدید
een aanslag plegen	su'-e qasd kardan	سوء قصد کردن
aanslag (de)	su'-e qasd	سوء قصد

| stelen (een auto) | robudan | ربودن |
| kapen (een vliegtuig) | havāpeymā robāyi | هواپیما ربایی |

| wraak (de) | enteqām | انتقام |
| wreken (ww) | enteqām gereftan | انتقام گرفتن |

martelen (gevangenen)	šekanje dādan	شکنجه دادن
foltering (de)	šekanje	شکنجه
folteren (ww)	aziyat kardan	اذیت کردن

piraat (de)	dozd-e daryāyi	دزد دریایی
straatschender (de)	owbāš	اوباش
gewapend (bn)	mosallah	مسلح
geweld (het)	xošunat	خشونت
onwettig (strafbaar)	qeyr-e qānuni	غیر قانونی

spionage (de)	jāsusi	جاسوسی
spioneren (ww)	jāsusi kardan	جاسوسی کردن

162. Politie. Wet. Deel 1

justitie (de)	edālat	عدالت
gerechtshof (het)	dādgāh	دادگاه

rechter (de)	qāzi	قاضی
jury (de)	hey'at-e monsefe	هیئت منصفه
juryrechtspraak (de)	hey'at-e monsefe	هیئت منصفه
berechten (ww)	mohākeme kardan	محاکمه کردن

advocaat (de)	vakil	وکیل
beklaagde (de)	mottaham	متهم
beklaagdenbank (de)	jāygāh-e mottaham	جایگاه متهم

beschuldiging (de)	ettehām	اتهام
beschuldigde (de)	mottaham	متهم

vonnis (het)	hokm	حکم
veroordelen	mahkum kardan	محکوم کردن
(in een rechtszaak)		

schuldige (de)	moqasser	مقصر
straffen (ww)	mojāzāt kardan	مجازات کردن
bestraffing (de)	mojāzāt	مجازات

boete (de)	jarime	جریمه
levenslange opsluiting (de)	habs-e abad	حبس ابد
doodstraf (de)	e'dām	اعدام
elektrische stoel (de)	sandali-ye barqi	صندلی برقی
schavot (het)	čube-ye dār	چوبه دار

executeren (ww)	e'dām kardan	اعدام کردن
executie (de)	e'dām	اعدام

gevangenis (de)	zendān	زندان
cel (de)	sellul-e zendān	سلول زندان

konvooi (het)	eskort	اسکورت
gevangenisbewaker (de)	negahbān zendān	نگهبان زندان
gedetineerde (de)	zendāni	زندانی
handboeien (mv.)	dastband	دستبند

handboeien omdoen	dastband zadan	دستبند زدن
ontsnapping (de)	farār	فرار
ontsnappen (ww)	farār kardan	فرار کردن
verdwijnen (ww)	nāpadid šodan	ناپدید شدن
vrijlaten (uit de gevangenis)	āzād kardan	آزاد کردن
amnestie (de)	afv-e omumi	عفو عمومی

politie (de)	polis	پلیس
politieagent (de)	polis	پلیس
politiebureau (het)	kalāntari	کلانتری
knuppel (de)	bātum	باتوم
megafoon (de)	bolandgu	بلندگو

patrouilleerwagen (de)	māšin-e gašt	ماشین گشت
sirene (de)	āžir-e xatar	آژیر خطر
de sirene aansteken	āžir rā rowšan kardan	آژیررا روشن کردن
geloei (het) van de sirene	sedā-ye āžir	صدای آژیر

plaats delict (de)	mahall-e jenāyat	محل جنایت
getuige (de)	šāhed	شاهد
vrijheid (de)	āzādi	آزادی
handlanger (de)	hamdast	همدست
ontvluchten (ww)	maxfi šodan	مخفی شدن
spoor (het)	rad	رد

163. Politie. Wet. Deel 2

opsporing (de)	jostoju	جستجو
opsporen (ww)	jostoju kardan	جستجو کردن
verdenking (de)	šok	شک
verdacht (bn)	maškuk	مشکوک
aanhouden (stoppen)	motevaghef kardan	متوقف کردن
tegenhouden (ww)	dastgir kardan	دستگیر کردن

strafzaak (de)	parvande	پرونده
onderzoek (het)	tahqiq	تحقیق
detective (de)	kārāgāh	کارآگاه
onderzoeksrechter (de)	bāzpors	بازپرس
versie (de)	farziye	فرضیه

motief (het)	angize	انگیزه
verhoor (het)	bāzporsi	بازپرسی
ondervragen (door de politie)	bāzporsi kardan	بازپرسی کردن
ondervragen (omstanders ~)	estentāq kardan	استنطاق کردن
controle (de)	taftiš	تفتیش

razzia (de)	mohāsere	محاصره
huiszoeking (de)	taftiš	تفتیش
achtervolging (de)	ta'qib	تعقیب
achtervolgen (ww)	ta'qib kardan	تعقیب کردن
opsporen (ww)	donbāl kardan	دنبال کردن

| arrest (het) | bāzdāšt | بازداشت |
| arresteren (ww) | bāzdāšt kardan | بازداشت کردن |

vangen, aanhouden (een dief, enz.)	dastgir kardan	دستگیر کردن
aanhouding (de)	dastgiri	دستگیری

document (het)	sanad	سند
bewijs (het)	esbāt	اثبات
bewijzen (ww)	esbāt kardan	اثبات کردن
voetspoor (het)	rad-e pā	رد پا
vingerafdrukken (mv.)	asar-e angošt	اثر انگشت
bewijs (het)	šavāhed	شواهد

alibi (het)	ozr-e qeybat	عذر غیبت
onschuldig (bn)	bi gonāh	بی گناه
onrecht (het)	bi edālati	بی عدالتی
onrechtvaardig (bn)	qeyr-e ādelāne	غیر عادلانه

crimineel (bn)	jenāyi	جنایی
confisqueren (in beslag nemen)	mosādere kardan	مصادره کردن
drug (de)	mavādd-e moxadder	مواد مخدر
wapen (het)	selāh	سلاح
ontwapenen (ww)	xalʿ-e selāh kardan	خلع سلاح کردن
bevelen (ww)	farmān dādan	فرمان دادن
verdwijnen (ww)	nāpadid šodan	ناپدید شدن

wet (de)	qānun	قانون
wettelijk (bn)	qānuni	قانونی
onwettelijk (bn)	qeyr-e qānuni	غیر قانونی

verantwoordelijkheid (de)	masʿuliyat	مسئولیت
verantwoordelijk (bn)	masʿul	مسئول

NATUUR

De Aarde. Deel 1

164. De kosmische ruimte

kosmos (de)	fazā	فضا
kosmisch (bn)	fazāyi	فضایی
kosmische ruimte (de)	fazā-ye keyhān	فضای کیهان
wereld (de)	jahān	جهان
heelal (het)	giti	گیتی
sterrenstelsel (het)	kahkešān	کهکشان
ster (de)	setāre	ستاره
sterrenbeeld (het)	surat-e falaki	صورت فلکی
planeet (de)	sayyāre	سیاره
satelliet (de)	māhvāre	ماهواره
meteoriet (de)	sang-e āsmāni	سنگ آسمانی
komeet (de)	setāre-ye donbāle dār	ستارۀ دنباله دار
asteroïde (de)	šahāb	شهاب
baan (de)	madār	مدار
draaien (om de zon, enz.)	gardidan	گردیدن
atmosfeer (de)	jav	جو
Zon (de)	āftāb	آفتاب
zonnestelsel (het)	manzume-ye šamsi	منظومه شمسی
zonsverduistering (de)	kosuf	کسوف
Aarde (de)	zamin	زمین
Maan (de)	māh	ماه
Mars (de)	merrix	مریخ
Venus (de)	zahre	زهره
Jupiter (de)	moštari	مشتری
Saturnus (de)	zohal	زحل
Mercurius (de)	atārod	عطارد
Uranus (de)	orānus	اورانوس
Neptunus (de)	nepton	نپتون
Pluto (de)	poloton	پلوتون
Melkweg (de)	kahkešān rāh-e širi	کهکشان راه شیری
Grote Beer (de)	dobb-e akbar	دب اکبر
Poolster (de)	setāre-ye qotbi	ستاره قطبی
marsmannetje (het)	merrixi	مریخی
buitenaards wezen (het)	farā zamini	فرا زمینی

| bovenaards (het) | mowjud fazāyi | موجود فضایی |
| vliegende schotel (de) | bošqāb-e parande | بشقاب پرنده |

ruimtevaartuig (het)	fazā peymā	فضا پیما
ruimtestation (het)	istgāh-e fazāyi	ایستگاه فضایی
start (de)	rāh andāzi	راه اندازی

motor (de)	motor	موتور
straalpijp (de)	nāzel	نازل
brandstof (de)	suxt	سوخت

cabine (de)	kābin	کابین
antenne (de)	ānten	آنتن
patrijspoort (de)	panjere	پنجره
zonnebatterij (de)	bātri-ye xoršidi	باطری خورشیدی
ruimtepak (het)	lebās-e fazānavardi	لباس فضانوردی

| gewichtloosheid (de) | bi vazni | بی وزنی |
| zuurstof (de) | oksižen | اکسیژن |

| koppeling (de) | vasl | وصل |
| koppeling maken | vasl kardan | وصل کردن |

observatorium (het)	rasadxāne	رصدخانه
telescoop (de)	teleskop	تلسکوپ
waarnemen (ww)	mošāhede kardan	مشاهده کردن
exploreren (ww)	kašf kardan	کشف کردن

165. De Aarde

Aarde (de)	zamin	زمین
aardbol (de)	kare-ye zamin	کرۀ زمین
planeet (de)	sayyāre	سیاره

atmosfeer (de)	jav	جو
aardrijkskunde (de)	joqrāfiyā	جغرافیا
natuur (de)	tabi'at	طبیعت

wereldbol (de)	kare-ye joqrāfiyāyi	کرۀ جغرافیایی
kaart (de)	naqše	نقشه
atlas (de)	atlas	اطلس

| Europa (het) | orupā | اروپا |
| Azië (het) | āsiyā | آسیا |

| Afrika (het) | āfriqā | آفریقا |
| Australië (het) | ostorāliyā | استرالیا |

Amerika (het)	emrikā	امریکا
Noord-Amerika (het)	emrikā-ye šomāli	امریکای شمالی
Zuid-Amerika (het)	emrikā-ye jonubi	امریکای جنوبی

| Antarctica (het) | qotb-e jonub | قطب جنوب |
| Arctis (de) | qotb-e šomāl | قطب شمال |

166. Windrichtingen

noorden (het)	šomāl	شمال
naar het noorden	be šomāl	به شمال
in het noorden	dar šomāl	در شمال
noordelijk (bn)	šomāli	شمالی
zuiden (het)	jonub	جنوب
naar het zuiden	be jonub	به جنوب
in het zuiden	dar jonub	در جنوب
zuidelijk (bn)	jonubi	جنوبی
westen (het)	qarb	غرب
naar het westen	be qarb	به غرب
in het westen	dar qarb	در غرب
westelijk (bn)	qarbi	غربی
oosten (het)	šarq	شرق
naar het oosten	be šarq	به شرق
in het oosten	dar šarq	در شرق
oostelijk (bn)	šarqi	شرقی

167. Zee. Oceaan

zee (de)	daryā	دریا
oceaan (de)	oqyānus	اقیانوس
golf (baai)	xalij	خلیج
straat (de)	tange	تنگه
grond (vaste grond)	zamin	زمین
continent (het)	qāre	قاره
eiland (het)	jazire	جزیره
schiereiland (het)	šeb-e jazire	شبه جزیره
archipel (de)	majma'-ol-jazāyer	مجمع‌الجزایر
baai, bocht (de)	xalij-e kučak	خلیج کوچک
haven (de)	langargāh	لنگرگاه
lagune (de)	mordāb	مرداب
kaap (de)	damāqe	دماغه
atol (de)	jazire-ye marjāni	جزیره مرجانی
rif (het)	tappe-ye daryāyi	تپه دریایی
koraal (het)	marjān	مرجان
koraalrif (het)	tappe-ye marjāni	تپه مرجانی
diep (bn)	amiq	عمیق
diepte (de)	omq	عمق
diepzee (de)	partgāh	پرتگاه
trog (bijv. Marianentrog)	derāz godāl	درازگودال
stroming (de)	jaryān	جریان
omspoelen (ww)	ehāte kardan	احاطه کردن

oever (de)	sāhel	ساحل
kust (de)	sāhel	ساحل

vloed (de)	mod	مد
eb (de)	jazr	جزر
ondiepte (ondiep water)	sāhel-e šeni	ساحل شنی
bodem (de)	qa'r	قعر

golf (hoge ~)	mowj	موج
golfkam (de)	nok	نوک
schuim (het)	kaf	کف

storm (de)	tufān-e daryāyi	طوفان دریایی
orkaan (de)	tufān	طوفان
tsunami (de)	sonāmi	سونامی
windstilte (de)	sokun-e daryā	سکون دریا
kalm (bijv. ~e zee)	ārām	آرام

pool (de)	qotb	قطب
polair (bn)	qotbi	قطبی

breedtegraad (de)	arz-e joqrāfiyāyi	عرض جغرافیایی
lengtegraad (de)	tul-e joqrāfiyāyi	طول جغرافیایی
parallel (de)	movāzi	موازی
evenaar (de)	xatt-e ostavā	خط استوا

hemel (de)	āsemān	آسمان
horizon (de)	ofoq	افق
lucht (de)	havā	هوا

vuurtoren (de)	fānus-e daryāyi	فانوس دریایی
duiken (ww)	širje raftan	شیرجه رفتن
zinken (ov. een boot)	qarq šodan	غرق شدن
schatten (mv.)	ganj	گنج

168. Bergen

berg (de)	kuh	کوه
bergketen (de)	rešte-ye kuh	رشته کوه
gebergte (het)	selsele-ye jebāl	سلسله جبال

bergtop (de)	qolle	قله
bergpiek (de)	qolle	قله
voet (ov. de berg)	dāmane-ye kuh	دامنهٔ کوه
helling (de)	šib	شیب

vulkaan (de)	ātaš-fešān	آتشفشان
actieve vulkaan (de)	ātaš-fešān-e fa'āl	آتش فشان فعال
uitgedoofde vulkaan (de)	ātaš-fešān-e xāmuš	آتش فشان خاموش

uitbarsting (de)	favarān	فوران
krater (de)	dahāne-ye ātašfešān	دهانهٔ آتش فشان
magma (het)	māgmā	ماگما
lava (de)	godāze	گدازه

gloeiend (~e lava)	godāxte	گداخته
kloof (canyon)	tange	تنگه
bergkloof (de)	darre-ye tang	دره تنگ
spleet (de)	tange	تنگه
afgrond (de)	partgāh	پرتگاه
bergpas (de)	gozargāh	گذرگاه
plateau (het)	falāt	فلات
klip (de)	saxre	صخره
heuvel (de)	tappe	تپه
gletsjer (de)	yaxčāl	یخچال
waterval (de)	ābšār	آبشار
geiser (de)	češme-ye āb-e garm	چشمهٔ آب گرم
meer (het)	daryāče	دریاچه
vlakte (de)	jolge	جلگه
landschap (het)	manzare	منظره
echo (de)	en'ekās-e sowt	انعکاس صوت
alpinist (de)	kuhnavard	کوهنورد
bergbeklimmer (de)	saxre-ye navard	صخره نورد
trotseren (berg ~)	fath kardan	فتح کردن
beklimming (de)	so'ud	صعود

169. Rivieren

rivier (de)	rudxāne	رودخانه
bron (~ van een rivier)	češme	چشمه
riverbedding (de)	bastar	بستر
riverbekken (het)	howze	حوضه
uitmonden in ...	rixtan	ریختن
zijrivier (de)	enše'āb	انشعاب
oever (de)	sāhel	ساحل
stroming (de)	jaryān	جریان
stroomafwaarts (bw)	be samt-e pāin-e rudxāne	به سمت پائین رودخانه
stroomopwaarts (bw)	be samt-e bālā-ye rudxāne	به سمت بالای رودخانه
overstroming (de)	seyl	سیل
overstroming (de)	toqyān	طغیان
buiten zijn oevers treden	toqyān kardan	طغیان کردن
overstromen (ww)	toqyān kardan	طغیان کردن
zandbank (de)	tangāb	تنگاب
stroomversnelling (de)	tondāb	تندآب
dam (de)	sad	سد
kanaal (het)	kānāl	کانال
spaarbekken (het)	maxzan-e āb	مخزن آب
sluis (de)	ābgir	آبگیر
waterlichaam (het)	maxzan-e āb	مخزن آب
moeras (het)	bātlāq	باتلاق

broek (het)	lajan zār	لجن زار
draaikolk (de)	gerdāb	گرداب
stroom (de)	ravad	رود
drink- (abn)	āšāmidani	آشامیدنی
zoet (~ water)	širin	شیرین
ijs (het)	yax	یخ
bevriezen (rivier, enz.)	yax bastan	یخ بستن

170. Bos

bos (het)	jangal	جنگل
bos- (abn)	jangali	جنگلی
oerwoud (dicht bos)	jangal-e anbuh	جنگل انبوه
bosje (klein bos)	biše	بیشه
open plek (de)	marqzār	مرغزار
struikgewas (het)	biše-hā	بیشه ها
struiken (mv.)	bute zār	بوته زار
paadje (het)	kure-ye rāh	کوره راه
ravijn (het)	darre	دره
boom (de)	deraxt	درخت
blad (het)	barg	برگ
gebladerte (het)	šāx-o barg	شاخ و برگ
vallende bladeren (mv.)	barg rizi	برگ ریزی
vallen (ov. de bladeren)	rixtan	ریختن
boomtop (de)	nok	نوک
tak (de)	šāxe	شاخه
ent (de)	šāxe	شاخه
knop (de)	šokufe	شکوفه
naald (de)	suzan	سوزن
dennenappel (de)	maxrut-e kāj	مخروط کاج
boom holte (de)	surāx	سوراخ
nest (het)	lāne	لانه
hol (het)	lāne	لانه
stam (de)	tane	تنه
wortel (bijv. boom~s)	riše	ریشه
schors (de)	pust	پوست
mos (het)	xaze	خزه
ontwortelen (een boom)	rišekan kardan	ریشه کن کردن
kappen (een boom ~)	boridan	بریدن
ontbossen (ww)	boridan	بریدن
stronk (de)	kande-ye deraxt	کندۀ درخت
kampvuur (het)	ātaš	آتش
bosbrand (de)	ātaš suzi	آتش سوزی

blussen (ww)	xāmuš kardan	خاموش کردن
boswachter (de)	jangal bān	جنگل بان
bescherming (de)	mohāfezat	محافظت
beschermen (bijv. de natuur ~)	mohāfezat kardan	محافظت کردن
stroper (de)	šekārči-ye qeyr-e qānuni	شکارچی غیر قانونی
val (de)	tale	تله

| plukken (vruchten, enz.) | čidan | چیدن |
| verdwalen (de weg kwijt zijn) | gom šodan | گم شدن |

171. Natuurlijke hulpbronnen

natuurlijke rijkdommen (mv.)	manābe-'e tabii	منابع طبیعی
delfstoffen (mv.)	mavādd-e ma'dani	مواد معدنی
lagen (mv.)	tah nešast	ته نشست
veld (bijv. olie~)	meydān	میدان

winnen (uit erts ~)	estexrāj kardan	استخراج کردن
winning (de)	estexrāj	استخراج
erts (het)	sang-e ma'dani	سنگ معدنی
mijn (bijv. kolenmijn)	ma'dan	معدن
mijnschacht (de)	ma'dan	معدن
mijnwerker (de)	ma'danči	معدنچی

| gas (het) | gāz | گاز |
| gasleiding (de) | lule-ye gāz | لولهٔ گاز |

olie (aardolie)	naft	نفت
olieleiding (de)	lule-ye naft	لولهٔ نفت
oliebron (de)	čāh-e naft	چاه نفت
boortoren (de)	dakal-e haffāri	دکل حفاری
tanker (de)	tānker	تانکر

zand (het)	šen	شن
kalksteen (de)	sang-e āhak	سنگ آهک
grind (het)	sangrize	سنگریزه
veen (het)	turb	تورب
klei (de)	xāk-e ros	خاک رس
steenkool (de)	zoqāl sang	زغال سنگ

ijzer (het)	āhan	آهن
goud (het)	talā	طلا
zilver (het)	noqre	نقره
nikkel (het)	nikel	نیکل
koper (het)	mes	مس

zink (het)	ruy	روی
mangaan (het)	mangenez	منگنز
kwik (het)	jive	جیوه
lood (het)	sorb	سرب

| mineraal (het) | mādde-ye ma'dani | مادهٔ معدنی |
| kristal (het) | bolur | بلور |

| marmer (het) | marmar | مرمر |
| uraan (het) | orāniyom | اورانیوم |

De Aarde. Deel 2

172. Weer

weer (het)	havā	هوا
weersvoorspelling (de)	piš bini havā	پیش بینی هوا
temperatuur (de)	damā	دما
thermometer (de)	damāsanj	دماسنج
barometer (de)	havāsanj	هواسنج
vochtig (bn)	martub	مرطوب
vochtigheid (de)	rotubat	رطوبت
hitte (de)	garmā	گرما
heet (bn)	dāq	داغ
het is heet	havā xeyli garm ast	هوا خیلی گرم است
het is warm	havā garm ast	هوا گرم است
warm (bn)	garm	گرم
het is koud	sard ast	سرد است
koud (bn)	sard	سرد
zon (de)	āftāb	آفتاب
schijnen (de zon)	tābidan	تابیدن
zonnig (~e dag)	āftābi	آفتابی
opgaan (ov. de zon)	tolu' kardan	طلوع کردن
ondergaan (ww)	qorob kardan	غروب کردن
wolk (de)	abr	ابر
bewolkt (bn)	abri	ابری
regenwolk (de)	abr-e bārānzā	ابر باران زا
somber (bn)	tire	تیره
regen (de)	bārān	باران
het regent	bārān mibārad	باران می بارد
regenachtig (bn)	bārāni	بارانی
motregenen (ww)	nam-nam bāridan	نم نم باریدن
plensbui (de)	bārān šodid	باران شدید
stortbui (de)	ragbār	رگبار
hard (bn)	šadid	شدید
plas (de)	čāle	چاله
nat worden (ww)	xis šodan	خیس شدن
mist (de)	meh	مه
mistig (bn)	meh ālud	مه آلود
sneeuw (de)	barf	برف
het sneeuwt	barf mibārad	برف می بارد

173. Zwaar weer. Natuurrampen

noodweer (storm)	tufān	طوفان
bliksem (de)	barq	برق
flitsen (ww)	barq zadan	برق زدن
donder (de)	ra'd	رعد
donderen (ww)	qorridan	غریدن
het dondert	ra'd mizanad	رعد می زند
hagel (de)	tagarg	تگرگ
het hagelt	tagarg mibārad	تگرگ می بارد
overstromen (ww)	toqyān kardan	طغیان کردن
overstroming (de)	seyl	سیل
aardbeving (de)	zamin-larze	زمین لرزه
aardschok (de)	tekān	تکان
epicentrum (het)	kānun-e zaminlarze	کانون زمین لرزه
uitbarsting (de)	favarān	فوران
lava (de)	godāze	گدازه
wervelwind, windhoos (de)	gerdbād	گردباد
tyfoon (de)	tufān	طوفان
orkaan (de)	tufān	طوفان
storm (de)	tufān	طوفان
tsunami (de)	sonāmi	سونامی
cycloon (de)	gerdbād	گردباد
onweer (het)	havā-ye bad	هوای بد
brand (de)	ātaš suzi	آتش سوزی
ramp (de)	balā-ye tabi'i	بلای طبیعی
meteoriet (de)	sang-e āsmāni	سنگ آسمانی
lawine (de)	bahman	بهمن
sneeuwverschuiving (de)	bahman	بهمن
sneeuwjacht (de)	kulāk	کولاک
sneeuwstorm (de)	barf-o burān	برف و بوران

Fauna

174. Zoogdieren. Roofdieren

roofdier (het)	heyvān-e darande	حیوان درنده
tijger (de)	bebar	ببر
leeuw (de)	šir	شیر
wolf (de)	gorg	گرگ
vos (de)	rubāh	روباه

jaguar (de)	jagvār	جگوار
luipaard (de)	palang	پلنگ
jachtluipaard (de)	yuzpalang	یوزپلنگ

panter (de)	palang-e siyāh	پلنگ سیاه
poema (de)	yuzpalang	یوزپلنگ
sneeuwluipaard (de)	palang-e barfi	پلنگ برفی
lynx (de)	siyāh guš	سیاه گوش

coyote (de)	gorg-e sahrāyi	گرگ صحرایی
jakhals (de)	šoqāl	شغال
hyena (de)	kaftār	کفتار

175. Wilde dieren

dier (het)	heyvān	حیوان
beest (het)	heyvān	حیوان

eekhoorn (de)	sanjāb	سنجاب
egel (de)	xārpošt	خارپشت
haas (de)	xarguš	خرگوش
konijn (het)	xarguš	خرگوش

das (de)	gurkan	گورکن
wasbeer (de)	rākon	راکون
hamster (de)	muš-e bozorg	موش بزرگ
marmot (de)	muš-e xormā-ye kuhi	موش خرمای کوهی

mol (de)	muš-e kur	موش کور
muis (de)	muš	موش
rat (de)	muš-e sahrāyi	موش صحرایی
vleermuis (de)	xoffāš	خفاش

hermelijn (de)	qāqom	قاقم
sabeldier (het)	samur	سمور
marter (de)	samur	سمور
wezel (de)	rāsu	راسو
nerts (de)	tire-ye rāsu	تیره راسو

bever (de)	sag-e ābi	سگ آبی
otter (de)	samur ābi	سمور آبی

paard (het)	asb	اسب
eland (de)	gavazn	گوزن
hert (het)	āhu	آهو
kameel (de)	šotor	شتر

bizon (de)	gāvmiš	گاومیش
oeros (de)	gāv miš	گاو میش
buffel (de)	bufālo	بوفالو

zebra (de)	gurexar	گورخر
antilope (de)	boz-e kuhi	بز کوهی
ree (de)	šukā	شوکا
damhert (het)	qazāl	غزال
gems (de)	boz-e kuhi	بز کوهی
everzwijn (het)	gorāz	گراز

walvis (de)	nahang	نهنگ
rob (de)	fak	فک
walrus (de)	širmāhi	شیرماهی
zeehond (de)	gorbe-ye ābi	گربۀ آبی
dolfijn (de)	delfin	دلفین

beer (de)	xers	خرس
ijsbeer (de)	xers-e sefid	خرس سفید
panda (de)	pāndā	پاندا

aap (de)	meymun	میمون
chimpansee (de)	šampānze	شمپانزه
orang-oetan (de)	orāngutān	اورانگوتان
gorilla (de)	guril	گوریل
makaak (de)	mākāk	ماکاک
gibbon (de)	gibon	گیبون

olifant (de)	fil	فیل
neushoorn (de)	kargadan	کرگدن
giraffe (de)	zarrāfe	زرافه
nijlpaard (het)	asb-e ābi	اسب آبی

kangoeroe (de)	kāngoro	کانگورو
koala (de)	kovālā	کوالا

mangoest (de)	xadang	خدنگ
chinchilla (de)	čin čila	چین چیلا
stinkdier (het)	rāsu-ye badbu	راسوی بدبو
stekelvarken (het)	taši	تشی

176. Huisdieren

poes (de)	gorbe	گربه
kater (de)	gorbe-ye nar	گربۀ نر
hond (de)	sag	سگ

paard (het)	asb	اسب
hengst (de)	asb-e nar	اسب نر
merrie (de)	mādiyān	مادیان

koe (de)	gāv	گاو
stier (de)	gāv-e nar	گاو نر
os (de)	gāv-e axte	گاو اخته

schaap (het)	gusfand	گوسفند
ram (de)	gusfand-e nar	گوسفند نر
geit (de)	boz-e mādde	بز ماده
bok (de)	boz-e nar	بز نر

| ezel (de) | xar | خر |
| muilezel (de) | qāter | قاطر |

varken (het)	xuk	خوک
biggetje (het)	bače-ye xuk	بچهٔ خوک
konijn (het)	xarguš	خرگوش

| kip (de) | morq | مرغ |
| haan (de) | xorus | خروس |

eend (de)	ordak	اردک
woerd (de)	ordak-e nar	اردک نر
gans (de)	qāz	غاز

| kalkoen haan (de) | buqalamun-e nar | بوقلمون نر |
| kalkoen (de) | buqalamun-e mādde | بوقلمون ماده |

huisdieren (mv.)	heyvānāt-e ahli	حیوانات اهلی
tam (bijv. hamster)	ahli	اهلی
temmen (tam maken)	rām kardan	رام کردن
fokken (bijv. paarden ~)	parvareš dādan	پرورش دادن

boerderij (de)	mazrae	مزرعه
gevogelte (het)	morq-e xānegi	مرغ خانگی
rundvee (het)	dām	دام
kudde (de)	galle	گله

paardenstal (de)	establ	اصطبل
zwijnenstal (de)	āqol xuk	آغل خوک
koeienstal (de)	āqol gāv	آغل گاو
konijnenhok (het)	lanye xarguš	لانه خرگوش
kippenhok (het)	morq dāni	مرغ دانی

177. Honden. Hondenrassen

hond (de)	sag	سگ
herdershond (de)	sag-e gele	سگ گله
Duitse herdershond (de)	sag-e jerman šeperd	سگ ژرمن شپرد
poedel (de)	pudel	پودل
teckel (de)	sag-e pākutāh	سگ پاکوتاه
buldog (de)	buldāg	بولداگ

boxer (de)	boksor	بوکسور
mastiff (de)	mästif	ماستیف
rottweiler (de)	rotveylir	روتویلیر
doberman (de)	dobermen	دوبرمن

basset (de)	ba's-at	باسیت
bobtail (de)	dam čatri	دم چتری
dalmatièr (de)	dālmāsi	دالماسی
cockerspaniël (de)	kākir spāniyel	کاکیر سپانییل

| newfoundlander (de) | nyufāundland | نیوفاوندلند |
| sint-bernard (de) | sant bernārd | سنت برنارد |

poolhond (de)	sag-e surtme	سگ سورتمه
chowchow (de)	čāu-čāu	چاو-چاو
spits (de)	espitz	اسپینز
mopshond (de)	pāg	پاگ

178. Dierengeluiden

geblaf (het)	vāq vāq	واق واق
blaffen (ww)	vāq-vāq kardan	واق واق کردن
miauwen (ww)	miyu-miyu kardan	میو میو کردن
spinnen (katten)	xor-xor kardan	خرخر کردن

loeien (ov. een koe)	mu-mu kardan	مو مو کردن
brullen (stier)	na're kešidan	نعره کشیدن
grommen (ov. de honden)	qorqor kardan	غرغر کردن

gehuil (het)	zuze	زوزه
huilen (wolf, enz.)	zuze kešidan	زوزه کشیدن
janken (ov. een hond)	zuze kešidan	زوزه کشیدن

mekkeren (schapen)	ba'ba' kardan	بع بع کردن
knorren (varkens)	xor-xor kardan	خرخر کردن
gillen (bijv. varken)	jiq zadan	جیغ زدن

kwaken (kikvorsen)	qur-qur kardan	قورقور کردن
zoemen (hommel, enz.)	vez-vez kardan	وزوز کردن
tjirpen (sprinkhanen)	jir-jir kardan	جیر جیر کردن

179. Vogels

vogel (de)	parande	پرنده
duif (de)	kabutar	کبوتر
mus (de)	gonješk	گنجشک
koolmees (de)	morq-e zanburxār	مرغ زنبورخوار
ekster (de)	zāqi	زاغی

raaf (de)	kalāq-e siyāh	کلاغ سیاه
kraai (de)	kalāq	کلاغ
kauw (de)	zāq	زاغ

roek (de)	kalāq-e siyāh	کلاغ سیاه
eend (de)	ordak	اردک
gans (de)	qāz	غاز
fazant (de)	qarqāvol	قرقاول
arend (de)	oqāb	عقاب
havik (de)	qerqi	قرقی
valk (de)	šāhin	شاهین
gier (de)	karkas	کرکس
condor (de)	karkas-e emrikāyi	کرکس امریکایی
zwaan (de)	qu	قو
kraanvogel (de)	dornā	درنا
ooievaar (de)	lak lak	لک لک
papegaai (de)	tuti	طوطی
kolibrie (de)	morq-e magas-e xār	مرغ مگس خوار
pauw (de)	tāvus	طاووس
struisvogel (de)	šotormorq	شترمرغ
reiger (de)	havāsil	حواصیل
flamingo (de)	felāmingo	فلامینگو
pelikaan (de)	pelikān	پلیکان
nachtegaal (de)	bolbol	بلبل
zwaluw (de)	parastu	پرستو
lijster (de)	bāstarak	باسترک
zanglijster (de)	torqe	طرقه
merel (de)	tukā-ye siyāh	توکای سیاه
gierzwaluw (de)	bādxorak	بادخورک
leeuwerik (de)	čakāvak	چکاوک
kwartel (de)	belderčin	بلدرچین
specht (de)	dārkub	دارکوب
koekoek (de)	fāxte	فاخته
uil (de)	joqd	جغد
oehoe (de)	šāh buf	شاه بوف
auerhoen (het)	siāh xorus	سیاه خروس
korhoen (het)	siāh xorus-e jangali	سیاه خروس جنگلی
patrijs (de)	kabk	کبک
spreeuw (de)	sār	سار
kanarie (de)	qanāri	قناری
hazelhoen (het)	siyāh xorus-e fandoqi	سیاه خروس فندقی
vink (de)	sehre-ye jangali	سهره جنگلی
goudvink (de)	sohre sar-e siyāh	سهره سر سیاه
meeuw (de)	morq-e daryāyi	مرغ دریایی
albatros (de)	morq-e daryāyi	مرغ دریایی
pinguïn (de)	pangoan	پنگوئن

180. Vogels. Zingen en geluiden

fluiten, zingen (ww)	xāndan	خواندن
schreeuwen (dieren, vogels)	faryād kardan	فرياد كردن
kraaien (ov. een haan)	ququli ququ kardan	قوقولی قوقو كردن
kukeleku	ququli ququ	قوقولی قوقو
klokken (hen)	qodqod kardan	قدقد كردن
krassen (kraai)	qār-qār kardan	قارقار كردن
kwaken (eend)	qāt-qāt kardan	قات قات كردن
piepen (kuiken)	jir-jir kardan	جير جير كردن
tjilpen (bijv. een mus)	jik-jik kardan	جيک جيک كردن

181. Vis. Zeedieren

brasem (de)	māhi-ye sim	ماهی سيم
karper (de)	kapur	كپور
baars (de)	māhi-e luti	ماهی لوتی
meerval (de)	gorbe-ye māhi	گربه ماهی
snoek (de)	ordak māhi	اردک ماهی
zalm (de)	māhi-ye salemon	ماهی سالمون
steur (de)	māhi-ye xāviār	ماهی خاويار
haring (de)	māhi-ye šur	ماهی شور
atlantische zalm (de)	sālmon-e atlāntik	سالمون اتلانتيک
makreel (de)	māhi-ye esqumeri	ماهی اسقومری
platvis (de)	sofre māhi	سفره ماهی
snoekbaars (de)	suf	سوف
kabeljauw (de)	māhi-ye rowqan	ماهی روغن
tonijn (de)	tan māhi	تن ماهی
forel (de)	māhi-ye qezelālā	ماهی قزل آلا
paling (de)	mārmāhi	مارماهی
sidderrog (de)	partomahiye barqi	پرتوماهی برقی
murene (de)	mārmāhi	مارماهی
piranha (de)	pirānā	پيرانا
haai (de)	kuse-ye māhi	كوسه ماهی
dolfijn (de)	delfin	دلفين
walvis (de)	nahang	نهنگ
krab (de)	xarčang	خرچنگ
kwal (de)	arus-e daryāyi	عروس دريايی
octopus (de)	hašt pā	هشت پا
zeester (de)	setāre-ye daryāyi	ستاره دريايی
zee-egel (de)	xārpošt-e daryāyi	خارپشت دريايی
zeepaardje (het)	asb-e daryāyi	اسب دريايی
oester (de)	sadaf-e xorāki	صدف خوراكی
garnaal (de)	meygu	ميگو

| kreeft (de) | xarčang-e daryāyi | خرچنگ دریایی |
| langoest (de) | xarčang-e xārdār | خرچنگ خاردار |

182. Amfibieën. Reptielen

| slang (de) | mār | مار |
| giftig (slang) | sammi | سمی |

adder (de)	af'i	افعی
cobra (de)	kobrā	کبرا
python (de)	mār-e pinton	مار پیتون
boa (de)	mār-e bwa	مار بوا

ringslang (de)	mār-e čaman	مار چمن
ratelslang (de)	mār-e zangi	مار زنگی
anaconda (de)	mār-e ānākondā	مار آناکوندا

hagedis (de)	susmār	سوسمار
leguaan (de)	susmār-e deraxti	سوسمار درختی
varaan (de)	bozmajje	بزمجه
salamander (de)	samandar	سمندر
kameleon (de)	āftāb-parast	آفتاب پرست
schorpioen (de)	aqrab	عقرب

schildpad (de)	lāk pošt	لاک پشت
kikker (de)	qurbāqe	قورباغه
pad (de)	vazaq	وزغ
krokodil (de)	temsāh	تمساح

183. Insecten

insect (het)	hašare	حشره
vlinder (de)	parvāne	پروانه
mier (de)	murče	مورچه
vlieg (de)	magas	مگس
mug (de)	paše	پشه
kever (de)	susk	سوسک

wesp (de)	zanbur	زنبور
bij (de)	zanbur-e asal	زنبور عسل
hommel (de)	xar zanbur	خرزنبور
horzel (de)	xarmagas	خرمگس

| spin (de) | ankabut | عنکبوت |
| spinnenweb (het) | tār-e ankabut | تارعنکبوت |

libel (de)	sanjāqak	سنجاقک
sprinkhaan (de)	malax	ملخ
nachtvlinder (de)	bid	بید

| kakkerlak (de) | susk | سوسک |
| teek (de) | kane | کنه |

| vlo (de) | kak | کک |
| kriebelmug (de) | paše-ye rize | پشه ریزه |

treksprinkhaan (de)	malax	ملخ
slak (de)	halazun	حلزون
krekel (de)	jirjirak	جیرجیرک
glimworm (de)	kerm-e šab-tāb	کرم شب تاب
lieveheersbeestje (het)	kafšduzak	کفشدوزک
meikever (de)	susk bāldār	سوسک بالدار

bloedzuiger (de)	zālu	زالو
rups (de)	kerm-e abrišam	کرم ابریشم
aardworm (de)	kerm	کرم
larve (de)	lārv	لارو

184. Dieren. Lichaamsdelen

snavel (de)	nok	نوک
vleugels (mv.)	bāl-hā	بال ها
poot (ov. een vogel)	panje	پنجه
verenkleed (het)	por-o bāl	پر و بال
veer (de)	por	پر
kuifje (het)	kākol	کاکل

kieuwen (mv.)	ābšoš	آبشش
kuit, dril (de)	toxme mahi	تخم ماهی
larve (de)	lārv	لارو
vin (de)	bāle-ye māhi	باله ماهی
schubben (mv.)	fals	فلس

slagtand (de)	niš	نیش
poot (bijv. ~ van een kat)	panje	پنجه
muil (de)	puze	پوزه
bek (mond van dieren)	dahān	دهان
staart (de)	dam	دم
snorharen (mv.)	sebil	سبیل

| hoef (de) | sam | سم |
| hoorn (de) | šāx | شاخ |

schild (schildpad, enz.)	lāk	لاک
schelp (de)	sadaf	صدف
eierschaal (de)	puste	پوسته

| vacht (de) | pašm | پشم |
| huid (de) | pust | پوست |

185. Dieren. Leefomgevingen

leefgebied (het)	zistgāh	زیستگاه
migratie (de)	mohājerat	مهاجرت
berg (de)	kuh	کوه

| rif (het) | tappe-ye daryāyi | تپه دریایی |
| klip (de) | saxre | صخره |

bos (het)	jangal	جنگل
jungle (de)	jangal	جنگل
savanne (de)	sāvānā	ساوانا
toendra (de)	tondrā	توندرا

steppe (de)	estep	استپ
woestijn (de)	biyābān	بیابان
oase (de)	vāhe	واحه

zee (de)	daryā	دریا
meer (het)	daryāče	دریاچه
oceaan (de)	oqyānus	اقیانوس

moeras (het)	bātlāq	باتلاق
zoetwater- (abn)	ab-e širin	آب شیرین
vijver (de)	tālāb	تالاب
rivier (de)	rudxāne	رودخانه

berenhol (het)	lāne-ye xers	لانه خرس
nest (het)	lāne	لانه
boom holte (de)	surāx	سوراخ
hol (het)	lāne	لانه
mierenhoop (de)	lāne-ye murče	لانة مورچه

Flora

186. Bomen

boom (de)	deraxt	درخت
loof- (abn)	barg riz	برگ ریز
dennen- (abn)	maxrutiyān	مخروطیان
groenblijvend (bn)	hamiše sabz	همیشه سبز
appelboom (de)	deraxt-e sib	درخت سیب
perenboom (de)	golābi	گلابی
zoete kers (de)	gilās	گیلاس
zure kers (de)	ālbālu	آلبالو
pruimelaar (de)	ālu	آلو
berk (de)	tus	توس
eik (de)	balut	بلوط
linde (de)	zirfun	زیرفون
esp (de)	senowbar-e larzān	صنوبر لرزان
esdoorn (de)	afrā	افرا
spar (de)	senowbar	صنوبر
den (de)	kāj	کاج
lariks (de)	senowbar-e ārāste	صنوبر آراسته
zilverspar (de)	šāh deraxt	شاه درخت
ceder (de)	sedr	سدر
populier (de)	sepidār	سپیدار
lijsterbes (de)	zabān gonješk-e kuhi	زبان گنجشک کوهی
wilg (de)	bid	بید
els (de)	tuskā	توسکا
beuk (de)	rāš	راش
iep (de)	nārvan-e qermez	نارون قرمز
es (de)	zabān-e gonješk	زبان گنجشک
kastanje (de)	šāh balut	شاه بلوط
magnolia (de)	māgnoliyā	ماگنولیا
palm (de)	naxl	نخل
cipres (de)	sarv	سرو
mangrove (de)	karnā	کرنا
baobab (apenbroodboom)	bāobāb	بائوباب
eucalyptus (de)	okaliptus	اوکالیپتوس
mammoetboom (de)	sorx-e čub	سرخ چوب

187. Heesters

struik (de)	bute	بوته
heester (de)	bute zār	بوته زار

| wijnstok (de) | angur | انگور |
| wijngaard (de) | tākestān | تاکستان |

frambozenstruik (de)	tamešk	تمشک
zwarte bes (de)	angur-e farangi-ye siyāh	انگور فرنگی سیاه
rode bessenstruik (de)	angur-e farangi-ye sorx	انگور فرنگی سرخ
kruisbessenstruik (de)	angur-e farangi	انگور فرنگی

acacia (de)	aqāqiyā	اقاقیا
zuurbes (de)	zerešk	زرشک
jasmijn (de)	yāsaman	یاسمن

jeneverbes (de)	ardaj	اردج
rozenstruik (de)	bute-ye gol-e mohammadi	بوتهٔ گل محمدی
hondsroos (de)	nastaran	نسترن

188. Champignons

paddenstoel (de)	qārč	قارچ
eetbare paddenstoel (de)	qārč-e xorāki	قارچ خوراکی
giftige paddenstoel (de)	qārč-e sammi	قارچ سمی
hoed (de)	kolāhak-e qārč	کلاهک قارچ
steel (de)	pāye	پایه

gewoon eekhoorntjesbrood (het)	qārč-e sefid	قارچ سفید
rosse populierenboleet (de)	samāruq	سماروغ
berkenboleet (de)	qārč-e bulet	قارچ بولت
cantharel (de)	qārč-e zard	قارچ زرد
russula (de)	qārč-e tiqe-ye tord	قارچ تیغه ترد

morielje (de)	qārč-e morkelā	قارچ مورکلا
vliegenzwam (de)	qārč-e magas	قارچ مگس
groene knolamaniet (de)	kolāhak-e marg	کلاهک مرگ

189. Vruchten. Bessen

| vrucht (de) | mive | میوه |
| vruchten (mv.) | mive jāt | میوه جات |

appel (de)	sib	سیب
peer (de)	golābi	گلابی
pruim (de)	ālu	آلو

aardbei (de)	tut-e farangi	توت فرنگی
zure kers (de)	ālbālu	آلبالو
zoete kers (de)	gilās	گیلاس
druif (de)	angur	انگور

framboos (de)	tamešk	تمشک
zwarte bes (de)	angur-e farangi-ye siyāh	انگور فرنگی سیاه
rode bes (de)	angur-e farangi-ye sorx	انگور فرنگی سرخ

kruisbes (de)	angur-e farangi	انگور فرنگی
veenbes (de)	nārdānak-e vahši	ناردانک وحشی
sinaasappel (de)	porteqāl	پرتقال
mandarijn (de)	nārengi	نارنگی
ananas (de)	ānānās	آناناس
banaan (de)	mowz	موز
dadel (de)	xormā	خرما
citroen (de)	limu	لیمو
abrikoos (de)	zardālu	زردآلو
perzik (de)	holu	هلو
kiwi (de)	kivi	کیوی
grapefruit (de)	gerip forut	گریپ فوروت
bes (de)	mive-ye butei	میوۀ بوته ای
bessen (mv.)	mivehā-ye butei	میوه های بوته ای
vossenbes (de)	tut-e farangi-ye jangali	توت فرنگی جنگلی
bosaardbei (de)	zoqāl axte	زغال اخته
bosbes (de)	zoqāl axte	زغال اخته

190. Bloemen. Planten

bloem (de)	gol	گل
boeket (het)	daste-ye gol	دسته گل
roos (de)	gol-e sorx	گل سرخ
tulp (de)	lāle	لاله
anjer (de)	mixak	میخک
gladiool (de)	susan-e sefid	سوسن سفید
korenbloem (de)	gol-e gandom	گل گندم
klokje (het)	gol-e estekāni	گل استکانی
paardenbloem (de)	gol-e qāsedak	گل قاصدک
kamille (de)	bābune	بابونه
aloè (de)	oloviye	آلوئه
cactus (de)	kāktus	کاکتوس
ficus (de)	fikus	فیکوس
lelie (de)	susan	سوسن
geranium (de)	gol-e šam'dāni	گل شمعدانی
hyacint (de)	sonbol	سنبل
mimosa (de)	mimosā	میموسا
narcis (de)	narges	نرگس
Oostindische kers (de)	gol-e lādan	گل لادن
orchidee (de)	orkide	ارکیده
pioenroos (de)	gol-e ašrafi	گل اشرفی
viooltje (het)	banafše	بنفشه
driekleurig viooltje (het)	banafše-ye farangi	بنفشه فرنگی
vergeet-mij-nietje (het)	gol-e farāmuš-am makon	گل فراموشم مکن

madeliefje (het)	gol-e morvārid	گل مروارید
papaver (de)	xašxāš	خشخاش
hennep (de)	šāh dāne	شاه دانه
munt (de)	na'nā'	نعناع

lelietje-van-dalen (het)	muge	موگه
sneeuwklokje (het)	gol-e barfi	گل برفی

brandnetel (de)	gazane	گزنه
veldzuring (de)	toršak	ترشک
waterlelie (de)	nilufar-e abi	نیلوفر آبی
varen (de)	saraxs	سرخس
korstmos (het)	golesang	گلسنگ

oranjerie (de)	golxāne	گلخانه
gazon (het)	čaman	چمن
bloemperk (het)	baqče-ye gol	باغچه گل

plant (de)	giyāh	گیاه
gras (het)	alaf	علف
grasspriet (de)	alaf	علف

blad (het)	barg	برگ
bloemblad (het)	golbarg	گلبرگ
stengel (de)	sāqe	ساقه
knol (de)	riše	ریشه

scheut (de)	javāne	جوانه
doorn (de)	xār	خار

bloeien (ww)	gol kardan	گل کردن
verwelken (ww)	pažmorde šodan	پژمرده شدن
geur (de)	bu	بو
snijden (bijv. bloemen ~)	boridan	بریدن
plukken (bloemen ~)	kandan	کندن

191. Granen, graankorrels

graan (het)	dāne	دانه
graangewassen (mv.)	qallāt	غلات
aar (de)	xuše	خوشه

tarwe (de)	gandom	گندم
rogge (de)	čāvdār	چاودار
haver (de)	jow-e sahrāyi	جو صحرایی
gierst (de)	arzan	ارزن
gerst (de)	jow	جو

maïs (de)	zorrat	ذرت
rijst (de)	berenj	برنج
boekweit (de)	gandom-e siyāh	گندم سیاه

erwt (de)	noxod	نخود
boon (de)	lubiyā qermez	لوبیا قرمز

soja (de)	sowyā	سویا
linze (de)	adas	عدس
bonen (mv.)	lubiyā	لوبیا

REGIONALE AARDRIJKSKUNDE

Landen. Nationaliteiten

192. Politiek. Overheid. Deel 1

politiek (de)	siyāsat	سیاست
politiek (bn)	siyāsi	سیاسی
politicus (de)	siyāsatmadār	سیاستمدار
staat (land)	dowlat	دولت
burger (de)	šahrvand	شهروند
staatsburgerschap (het)	šahrvandi	شهروندی
nationaal wapen (het)	nešān melli	نشان ملی
volkslied (het)	sorud-e melli	سرود ملی
regering (de)	hokumat	حکومت
staatshoofd (het)	rahbar-e dowlat	رهبر دولت
parlement (het)	pārlemān	پارلمان
partij (de)	hezb	حزب
kapitalisme (het)	sarmāye dāri	سرمایه داری
kapitalistisch (bn)	kāpitālisti	کاپیتالیستی
socialisme (het)	sosiyālism	سوسیالیسم
socialistisch (bn)	sosiyālisti	سوسیالیستی
communisme (het)	komonism	کمونیسم
communistisch (bn)	komonisti	کمونیستی
communist (de)	komonist	کمونیست
democratie (de)	demokrāsi	دموکراسی
democraat (de)	demokrāt	دموکرات
democratisch (bn)	demokrātik	دموکراتیک
democratische partij (de)	hezb-e demokrāt	حزب دموکرات
liberaal (de)	liberāl	لیبرال
liberaal (bn)	liberāli	لیبرالی
conservator (de)	mohāfeze kār	محافظه کار
conservatief (bn)	mohāfeze kāri	محافظه کاری
republiek (de)	jomhuri	جمهوری
republikein (de)	jomhuri xāh	جمهوری خواه
Republikeinse Partij (de)	hezb-e jomhurixāh	حزب جمهوری خواه
verkiezing (de)	entexābāt	انتخابات
kiezen (ww)	entexāb kardan	انتخاب کردن

| kiezer (de) | entexāb konande | انتخاب کننده |
| verkiezingscampagne (de) | kampeyn-e entexābāti | کمپین انتخاباتی |

stemming (de)	axz-e ra'y	اخذ رأی
stemmen (ww)	ra'y dādan	رأی دادن
stemrecht (het)	haqq-e ra'y	حق رأی

kandidaat (de)	nāmzad	نامزد
zich kandideren	nāmzad šodan	نامزد شدن
campagne (de)	kampeyn	کمپین

| oppositie- (abn) | moxālef | مخالف |
| oppositie (de) | opozisyon | اپوزیسیون |

bezoek (het)	vizit	ویزیت
officieel bezoek (het)	vizit-e rasmi	ویزیت رسمی
internationaal (bn)	beynolmelali	بین المللی

| onderhandelingen (mv.) | mozākerāt | مذاکرات |
| onderhandelen (ww) | mozākere kardan | مذاکره کردن |

193. Politiek. Overheid. Deel 2

maatschappij (de)	jam'iyat	جمعیت
grondwet (de)	qānun-e asāsi	قانون اساسی
macht (politieke ~)	hākemiyat	حاکمیت
corruptie (de)	fesād	فساد

| wet (de) | qānun | قانون |
| wettelijk (bn) | qānuni | قانونی |

| rechtvaardigheid (de) | edālat | عدالت |
| rechtvaardig (bn) | ādel | عادل |

comité (het)	komite	کمیته
wetsvoorstel (het)	lāyehe-ye qānun	لایحهٔ قانون
begroting (de)	budje	بودجه
beleid (het)	siyāsat	سیاست
hervorming (de)	eslāhāt	اصلاحات
radicaal (bn)	efrāti	افراطی

macht (vermogen)	niru	نیرو
machtig (bn)	moqtader	مقتدر
aanhanger (de)	tarafdār	طرفدار
invloed (de)	ta'sir	تأثیر

regime (het)	nezām	نظام
conflict (het)	dargiri	درگیری
samenzwering (de)	towtee	توطئه
provocatie (de)	tahrik	تحریک

omverwerpen (ww)	sarnegun kardan	سرنگون کردن
omverwerping (de)	sarneguni	سرنگونی
revolutie (de)	enqelāb	انقلاب

| staatsgreep (de) | kudetā | کودتا |
| militaire coup (de) | kudetā-ye nezāmi | کودتای نظامی |

crisis (de)	bohrān	بحران
economische recessie (de)	rokud-e eqtesādi	رکود اقتصادی
betoger (de)	tazāhorāt konande	تظاهرات کننده
betoging (de)	tazāhorāt	تظاهرات
krijgswet (de)	hālat-e nezāmi	حالت نظامی
militaire basis (de)	pāygāh-e nezāmi	پایگاه نظامی

| stabiliteit (de) | sobāt | ثبات |
| stabiel (bn) | bāsobāt | باثبات |

| uitbuiting (de) | bahre bardār-i | بهره برداری |
| uitbuiten (ww) | bahre bardār-i kardan | بهره برداری کردن |

racisme (het)	nežādparasti	نژادپرستی
racist (de)	nežādparast	نژادپرست
fascisme (het)	fāšizm	فاشیزم
fascist (de)	fāšist	فاشیست

194. Landen. Diversen

vreemdeling (de)	xāreji	خارجی
buitenlands (bn)	xāreji	خارجی
in het buitenland (bw)	dar xārej	در خارج

emigrant (de)	mohājer	مهاجر
emigratie (de)	mohājerat	مهاجرت
emigreren (ww)	mohājerat kardan	مهاجرت کردن

Westen (het)	qarb	غرب
Oosten (het)	xāvar	خاور
Verre Oosten (het)	xāvar-e-dur	خاوردور

beschaving (de)	tamaddon	تمدن
mensheid (de)	ensāniyat	انسانیت
wereld (de)	jahān	جهان
vrede (de)	solh	صلح
wereld- (abn)	jahāni	جهانی

vaderland (het)	vatan	وطن
volk (het)	mellat	ملت
bevolking (de)	mardom	مردم
mensen (mv.)	afrād	افراد
natie (de)	mellat	ملت
generatie (de)	nasl	نسل

gebied (bijv. bezette ~en)	qalamrow	قلمرو
regio, streek (de)	mantaqe	منطقه
deelstaat (de)	eyālat	ایالت

| traditie (de) | sonnat | سنت |
| gewoonte (de) | ādat | عادت |

ecologie (de)	mohit-e zist	محيط زيست
Indiaan (de)	hendi	هندى
zigeuner (de)	mard-e kowli	مرد كولى
zigeunerin (de)	zan-e kowli	زن كولى
zigeuner- (abn)	kowli	كولى

rijk (het)	emperāturi	امپراطورى
kolonie (de)	mosta'mere	مستعمره
slavernij (de)	bardegi	بردگى
invasie (de)	tahājom	تهاجم
hongersnood (de)	gorosnegi	گرسنگى

195. Grote religieuze groepen. Bekentenissen

| religie (de) | din | دين |
| religieus (bn) | dini | دينى |

geloof (het)	e'teqād	اعتقاد
geloven (ww)	e'teqād dāštan	اعتقاد داشتن
gelovige (de)	mo'men	مؤمن

| atheïsme (het) | bi dini | بى دينى |
| atheïst (de) | molhed | ملحد |

christendom (het)	masihiyat	مسيحيت
christen (de)	masihi	مسيحى
christelijk (bn)	masihi	مسيحى

katholicisme (het)	mazhab-e kātolik	مذهب كاتوليك
katholiek (de)	kātolik	كاتوليك
katholiek (bn)	kātolik	كاتوليك

protestantisme (het)	āin-e porotestān	آئين پروتستان
Protestante Kerk (de)	kelisā-ye porotestān	كليساى پروتستان
protestant (de)	porotestān	پروتستان

orthodoxie (de)	mazhab-e ortodoks	مذهب ارتدوكس
Orthodoxe Kerk (de)	kelisā-ye ortodoks	كليساى ارتدوكس
orthodox	ortodoks	ارتدوكس

presbyterianisme (het)	persbiterinism	پرسبيترينيسم
Presbyteriaanse Kerk (de)	kelisā-ye persbiteri	كليساى پرسبيترى
presbyteriaan (de)	persbiteri	پرسبيترى

| lutheranisme (het) | kelisā-ye lutrān | كليساى لوتران |
| lutheraan (de) | lutrān | لوتران |

| baptisme (het) | kelisā-ye baptist | كليساى باپتيست |
| baptist (de) | baptist | باپتيست |

Anglicaanse Kerk (de)	kelisā-ye anglikān	كليساى انگليكان
anglicaan (de)	anglikān	انگليكان
mormonisme (het)	ferqe-ye mormon	فرقه مورمون
mormoon (de)	mormon	مورمون

| Jodendom (het) | yahudiyat | یهودیت |
| jood (aanhanger van het Jodendom) | yahudi | یهودی |

| boeddhisme (het) | budism | بودیسم |
| boeddhist (de) | budāyi | بودایی |

| hindoeïsme (het) | hendi | هندی |
| hindoe (de) | hendu | هندو |

islam (de)	eslām	اسلام
islamiet (de)	mosalmān	مسلمان
islamitisch (bn)	mosalmāni	مسلمانی

| sjiisme (het) | ši'e | شیعه |
| sjiiet (de) | ši'e | شیعه |

| soennisme (het) | senni | سنی |
| soenniet (de) | senni | سنی |

196. Religies. Priesters

| priester (de) | kešiš | کشیش |
| paus (de) | pāp | پاپ |

monnik (de)	rāheb	راهب
non (de)	rāhebe	راهبه
pastoor (de)	pišvā-ye ruhān-i	پیشوای روحانی

abt (de)	rāheb-e bozorg	راهب بزرگ
vicaris (de)	keš-yaš baxš	کشیش بخش
bisschop (de)	osqof	اسقف
kardinaal (de)	kārdināl	کاردینال

predikant (de)	vā'ez	واعظ
preek (de)	mo'eze	موعظه
kerkgangers (mv.)	kešiš tabār	کشیش تبار

| gelovige (de) | mo'men | مؤمن |
| atheïst (de) | molhed | ملحد |

197. Geloof. Christendom. Islam

| Adam | ādam | آدم |
| Eva | havvā | حوا |

God (de)	xodā	خدا
Heer (de)	xodā	خدا
Almachtige (de)	xodā	خدا

| zonde (de) | gonāh | گناه |
| zondigen (ww) | gonāh kardan | گناه کردن |

zondaar (de)	gonāhkār	گناهکار
zondares (de)	gonāhkār	گناهکار
hel (de)	jahannam	جهنم
paradijs (het)	behešt	بهشت
Jezus	isā	عیسی
Jezus Christus	isā masih	عیسی مسیح
Heilige Geest (de)	ruh olqodos	روح القدس
Verlosser (de)	monji	منجی
Maagd Maria (de)	maryam bākere	مریم باکره
duivel (de)	šeytān	شیطان
duivels (bn)	šeytāni	شیطانی
Satan	šeytān	شیطان
satanisch (bn)	šeytāni	شیطانی
engel (de)	ferešte	فرشته
beschermengel (de)	ferešte-ye negahbān	فرشتهٔ نگهبان
engelachtig (bn)	ferešte i	فرشته ای
apostel (de)	havāri	حواری
aartsengel (de)	ferešte-ye moqarrab	فرشتهٔ مقرب
antichrist (de)	dajjāl	دجال
Kerk (de)	kelisā	کلیسا
bijbel (de)	enjil	انجیل
bijbels (bn)	enjili	انجیلی
Oude Testament (het)	ahd-e atiq	عهد عتیق
Nieuwe Testament (het)	ahd-e jadid	عهد جدید
evangelie (het)	enjil	انجیل
Heilige Schrift (de)	ketāb-e moqaddas	کتاب مقدس
Hemel, Hemelrijk (de)	behešt	بهشت
gebod (het)	farmān	فرمان
profeet (de)	payāmbar	پیامبر
profetie (de)	payāmbari	پیامبری
Allah	allāh	الله
Mohammed	mohammad	محمد
Koran (de)	qor'ān	قرآن
moskee (de)	masjed	مسجد
moellah (de)	mala'	ملا
gebed (het)	namāz	نماز
bidden (ww)	do'ā kardan	دعا کردن
pelgrimstocht (de)	ziyārat	زیارت
pelgrim (de)	zāer	زائر
Mekka	makke	مکه
kerk (de)	kelisā	کلیسا
tempel (de)	haram	حرم
kathedraal (de)	kelisā-ye jāme'	کلیسای جامع

gotisch (bn)	gotik	گوتیک
synagoge (de)	kenešt	کنشت
moskee (de)	masjed	مسجد
kapel (de)	kelisā-ye kučak	کلیسای کوچک
abdij (de)	sowme'e	صومعه
nonnenklooster (het)	sowme'e	صومعه
mannenklooster (het)	deyr	دیر
klok (de)	nāqus	ناقوس
klokkentoren (de)	borj-e nāqus	برج ناقوس
luiden (klokken)	sedā kardan	صدا کردن
kruis (het)	salib	صلیب
koepel (de)	gonbad	گنبد
icoon (de)	šamāyel-e moqaddas	شمایل مقدس
ziel (de)	jān	جان
lot, noodlot (het)	sarnevešt	سرنوشت
kwaad (het)	badi	بدی
goed (het)	niki	نیکی
vampier (de)	xun āšām	خون آشام
heks (de)	jādugar	جادوگر
demoon (de)	div	دیو
geest (de)	ruh	روح
verzoeningsleer (de)	talab-e afv	طلب عفو
vrijkopen (ww)	talab-e afv kardan	طلب عفو کردن
mis (de)	ebādat	عبادت
de mis opdragen	ebādat kardan	عبادت کردن
biecht (de)	marāsem-e towbe	مراسم توبه
biechten (ww)	towbe kardan	توبه کردن
heilige (de)	qeddis	قدیس
heilig (bn)	moqaddas	مقدس
wijwater (het)	āb-e moqaddas	آب مقدس
ritueel (het)	marāsem	مراسم
ritueel (bn)	āyini	آیینی
offerande (de)	qorbāni	قربانی
bijgeloof (het)	xorāfe	خرافه
bijgelovig (bn)	xorāfāti	خرافاتی
hiernamaals (het)	zendegi pas az marg	زندگی پس ازمرگ
eeuwige leven (het)	zendegi-ye jāvid	زندگی جاوید

DIVERSEN

198. Diverse nuttige woorden

achtergrond (de)	zamine	زمینه
balans (de)	ta'ādol	تعادل
basis (de)	pāye	پایه
begin (het)	šoru'	شروع
beurt (wie is aan de ~?)	nowbat	نوبت
categorie (de)	tabaqe	طبقه
comfortabel (~ bed, enz.)	rāhat	راحت
compensatie (de)	jobrān	جبران
deel (gedeelte)	joz	جزء
deeltje (het)	zarre	ذره
ding (object, voorwerp)	čiz	چیز
dringend (bn, urgent)	fowri	فوری
dringend (bw, met spoed)	foran	فوراً
effect (het)	asar	اثر
eigenschap (kwaliteit)	xāsiyat	خاصیت
einde (het)	etmām	اتمام
element (het)	onsor	عنصر
feit (het)	haqiqat	حقیقت
fout (de)	eštebāh	اشتباه
geheim (het)	rāz	راز
graad (mate)	daraje	درجه
groei (ontwikkeling)	rošd	رشد
hindernis (de)	hesār	حصار
hinderpaal (de)	māne'	مانع
hulp (de)	komak	کمک
ideaal (het)	ide āl	ایده آل
inspanning (de)	kušeš	کوشش
keuze (een grote ~)	entexāb	انتخاب
labyrint (het)	hezār tuy	هزارتوی
manier (de)	tariq	طریق
moment (het)	lahze	لحظه
nut (bruikbaarheid)	fāyede	فایده
onderscheid (het)	farq	فرق
ontwikkeling (de)	pišraft	پیشرفت
oplossing (de)	hal	حل
origineel (het)	asli	اصلی
pauze (de)	maks	مکث
positie (de)	vaz'	وضع
principe (het)	asl	اصل

probleem (het)	moškel	مشکل
proces (het)	ravand	روند
reactie (de)	vākoneš	واکنش
reden (om ~ van)	sabab	سبب
risico (het)	risk	ریسک
samenvallen (het)	tatāboq	تطابق
serie (de)	seri	سری
situatie (de)	vaz'iyat	وضعیت
soort (bijv. ~ sport)	no'	نوع
standaard (bn)	estāndārd	استاندارد
standaard (de)	estāndārd	استاندارد
stijl (de)	sabok	سبک
stop (korte onderbreking)	tavaqqof	توقف
systeem (het)	sistem	سیستم
tabel (bijv. ~ van Mendelejev)	jadval	جدول
tempo (langzaam ~)	sor'at	سرعت
term (medische ~en)	estelāh	اصطلاح
type (soort)	no'	نوع
variant (de)	moteqayyer	متغیر
veelvuldig (bn)	mokarrar	مکرر
vergelijking (de)	qiyās	قیاس
voorbeeld (het goede ~)	mesāl	مثال
voortgang (de)	taraqqi	ترقی
voorwerp (ding)	mabhas	مبحث
vorm (uiterlijke ~)	šekl	شکل
waarheid (de)	haqiqat	حقیقت
zone (de)	mantaqe	منطقه